《為自己讀書》

為自己讀書

《為自己讀書》

這本繁體中文紙本書乃專門為付費讀者製作
請尊重作者權益,切勿任意刪節、修改、複製、轉寄或轉售其內容
以免觸犯著作權法

《為自己讀書》
作者:向日葵

繁體中文紙本書於 2019 年由電書朝代製作發行
由 IngramSpark 隨需印刷,並由美國 Ingram Content Group 推廣銷售
電書朝代 (eBook Dynasty) 由澳洲 Solid Software Pty Ltd 經營擁有
Web: http://www.ebookdynasty.net/
Email: contact@ebookdynasty.net

http://www.ebookdynasty.net/Prose/Read4Yourself/indexTC.html

《為自己讀書》

給　採取行動的人

《為自己讀書》

目錄

關於本書	6
為自己讀書（代序）	7

第一部：手寫心思　　　　　　　　　　　　11
《西遊記》西遊記　　　　　　　　　　　　　13
關於呂布的選擇　　　　　　　　　　　　　　17
澳洲新書發表會紀實　　　　　　　　　　　　20
有趣的「喜愛博客獎」　　　　　　　　　　　23
關於一則微博的「趣事」　　　　　　　　　　27
公開答網友 Gary 關於新浪微博及其他　　　　29
SBS 中文「我們的故事」採訪談創作、翻譯、閱讀和出版　　33

第二部：我思我感　　　　　　　　　　　　39
Long Time No See　　　　　　　　　　　　　41
電子書閱讀與「老大哥」現象　　　　　　　　44
少年小說的成年讀者　　　　　　　　　　　　46
「世界閱讀日」和「世界閱讀夜」　　　　　　48
世界詩歌日　　　　　　　　　　　　　　　　52
美國的「全國寫小說月」　　　　　　　　　　56
兩本書的迷思　　　　　　　　　　　　　　　59
也聽〈煙花易冷〉　　　　　　　　　　　　　64
悼念理察·曼瑟森：我的《似曾相識》　　　　66
如何支持你喜歡的作家　　　　　　　　　　　69
你寫的是哪種書評？　　　　　　　　　　　　72

《為自己讀書》

當英文翻譯成古風：極致風雅還是畫蛇添足　　　　　　75
感謝有書的存在　　　　　　　　　　　　　　　　　　78
用無字天書幫助孩子閱讀　　　　　　　　　　　　　　80
一則關於閱讀的小故事　　　　　　　　　　　　　　　82
愛書人經常對朋友說的十句話　　　　　　　　　　　　85
批評和反批評　　　　　　　　　　　　　　　　　　　88

第三部：我見我聞　　　　　　　　　　　　　　　　　93
所謂了解：試答吳祥輝先生（三之一）　　　　　　　　95
所謂了解：試答吳祥輝先生（三之二）　　　　　　　　99
所謂了解：試答吳祥輝先生（三之三）　　　　　　　　102
潔寧・雪珀的故事　　　　　　　　　　　　　　　　　106
「盜譯」有道？　　　　　　　　　　　　　　　　　　109
請支持史蒂芬・金的〈槍〉　　　　　　　　　　　　　112
《悲慘世界》中的壞骨頭　　　　　　　　　　　　　　116
張翎《金山》的剽竊爭議　　　　　　　　　　　　　　120
愚蠢的死法　　　　　　　　　　　　　　　　　　　　125
象牙塔裡的作家？　　　　　　　　　　　　　　　　　129
失聰作家的世界　　　　　　　　　　　　　　　　　　132
「如何讓世界懂你？」談「中國式科幻」　　　　　　　135
平裝書如何改變美國出版業　　　　　　　　　　　　　142
與你共乘：雪梨人質挾持事件側記　　　　　　　　　　146
談「錯」　　　　　　　　　　　　　　　　　　　　　148

《為自己讀書》

關於本書

　　《為自己讀書》這本小書所收錄的，是作者向日葵（筆名）於 2010 年 6 月至 2019 年 6 月，於其中文部落格「陽光下的聲音」刊載的四十篇文章。每篇文章的結尾都註明了網路的刊載日期，然而它們在這本書中的排列順序，卻因為全書文氣順暢的要求而和現實的刊載順序有些微的不同。

　　「陽光下的聲音」部落格：http://blog.ylib.com/sunflower

　　向日葵，1971 年出生於中華民國台灣省台北市，現居澳洲墨爾本市，為中英雙語作者、譯者、讀者、論者、記者和出版者。

為自己讀書（代序）

最近澳洲國家廣播公司 (Australian Broadcasting Corporation, or ABC) 大請客，花了五個星期的時間，一口氣把《暮光之城》系列 (The Twilight Saga) 的五部電影都播出來了。這固然可能是因為 ABC 做為公共電視，面對政府的削減預算，為了吸引人心而不得不採取的手段（ABC 從來沒有商業廣告，因此不能說是為了賺取廣告利潤），但是對於廣大觀眾來說，卻是一項天大的福利。

有鑑於現代生活的緊張繁忙，每個星期三晚上能花兩個小時的時間看電影，實在是一種小確幸。（從下個星期開始就要播《教父》(The Godfather) 的三部電影了，目前還不知道自己的水準是否高到深入欣賞的程度。）把所有的工作都丟開，就在那兩個小時之內，完完全全地做自己吧。

好不容易看完五部電影，深深覺得《暮光之城》實在是一個家庭倫理系列，其中探討了成長、戀愛、婚姻、家庭、婚前性行為、墮胎、種族主義、階級主義、權力鬥爭、乃至於傳說迷信在現代社會受到的結構和解構等各種嚴肅課題，卻能透過大眾（也就是所謂「通俗」）讀物的形式加以表達而深入人心，實在是很不容易。

我同時也不免納悶，這個系列的四部小說和五部電影當初為什麼會被許多人罵得狗血淋頭。這個問題當然不能只堅持我自己的看法，因為我也像許多人一樣，不喜歡被人嬉笑怒罵，但是如果能單純訴說自己的看法，而非有意要改變別人的想法或態度，則應該可以算作一種分享，而不造成別人的反感或排斥吧。

的確，人是社會性、群體性的動物，即便是閱讀這種行為，也是如此：看了好書就想和別人分享、談論；看到壞書而破口大罵的時候也希望有人在背後撐腰；別人異口同聲說是好書的作品，不免讓自己有見賢思齊之心；別人口誅筆伐、貶為劣質的作品，也不免讓自己膽顫心驚，

敬而遠之，打死不肯去碰，就算碰了也要躲躲藏藏，遮遮掩掩，生怕別恨屋及烏。

　　當年那些批評《暮光之城》系列的人，有多少其實真正看過這些書和電影？也許他們會說「根本不屑或不值得看」，那麼這樣的否定又如何能是完全貨真價實且出於一己的意見？我們常說「不要用封面來判斷一本書的價值」，事實上卻每個人都在這樣做，更不用說是用別人口中的封面來主宰自己對於作品的喜好或厭惡了。把別人的意見照單全收，只為了獲得別人的認同，有這麼重要嗎？

　　也許有人會說，世界上的好書那麼多，哪有時間去仔細閱讀評判每一本書的優劣，所以確實有必要參考別人的意見。這一點非常有理，但重點在於「參考」而非「無條件的採納」，之後更要建立自己的判斷，而這判斷又要出於自己的準則，不輕易拿別人的標準來充數。如果只因為千萬人說一本書好，自己就拿來狼吞虎嚥，看不懂也硬要夸夸其談，那就是盲從。反之，如果只因為千萬人唾棄一本書，自己就退避三舍，視為洪水猛獸，那麼到最後也實在不知道這本書到底「洪水」到什麼境地，其中又有什麼「猛獸」，被人問起的時候難免一片鴉鴉烏，是為心虛。

　　當然，閱讀是一件必須、也值得提倡的好事，分享好書更是一種美事，可以打開無數的門窗，邀請別人看看他們生活範圍之外的其他美麗新世界。但是門窗擺在我們面前，要不要探頭或伸腳出去還在於我們自己，對於這些新世界究竟是美麗或醜惡的判斷也要我們自己來做。讀書畢竟是為了自己。

　　很久以前做學生的時代，在方瑜老師那裡學到了一個非常深刻的概念，至今不能忘懷。方老師的意思是，在一本書裡偶然發現一個好處，那種驚艷和狂喜，就像在夜深人靜的時候，在人跡罕至的一個幽谷中，在沁涼的湖水中獨自游泳，心中感受到的愜意與暢快是沒有別人可以理解的。

　　也因為這個概念，我至今不敢輕易否定任何一本書，只要能在書中

《為自己讀書》

　　讀到一個好句子，發現一個好構想，這本書就有其價值，而且只是自己心領神會，不妄求別人理解。（當然，這多少是因為我這人才疏學淺，所以隨便看到什麼東西都大喜過望，驚為天人吧。）我因此而發現閱讀實在是一件樂事，這和所謂的尋寶無關，而是在無意之間信步走來，竟然發現遍地都是金銀財寶，而且這珍寶只在自己眼中有價值，不需要拿到店裡去估價。

　　俗話說的「書中自有黃金屋，書中自有顏如玉」應該也是同樣的道理。各人眼中的美屋美眷都不一樣，因此買房戀愛都要靠自己，縱使別人說得天花亂墜，或是罵得一文不值，其實都不必理會。而在自己置產娶妻之後，這方面的心得當然可以拿出來說，也值得和大家分享，即便是冷暖自在心頭，還是要鼓勵大家多多飲水，有益身體健康。要改變別人每日喝多少水、喝什麼水、又要怎麼喝的態度和習慣，卻又不必了。

　　為自己讀書吧。你的那片沁涼湖水在哪裡？

——原載於 2013 年 6 月 26 日

《為自己讀書》

《為自己讀書》

第一部：手寫心思

《為自己讀書》

《西遊記》西遊記

前 (2009) 年四月應英國的 Real Reads 出版社之邀，與台灣的優秀繪者江長芳 (Shirley Chiang) 合作，共同把中國四大古典名著改寫成適合西方少年讀者（八歲至十三歲）閱讀的英文故事。

Real Reads 以改寫世界各國古典文學作品出名，除了狄更斯 (Charles Dickens)、奧斯汀 (Jane Austen)、布朗蒂三姐妹 (Bronte Sisters)、莎士比亞 (William Shakespeare)、馬克‧吐溫 (Mark Twain) 等大文豪的多部創作，也收羅了包括 H.G. 威爾斯 (H.G. Wells) 的《時光機器》(The Time Machine) 在內的六部科幻小說、包括柯南‧道爾 (Conan Doyle) 的《巴斯克維爾的獵犬》(The Hound of the Baskervilles) 在內的四部奇幻文學、包括《羅摩衍那》(Ramayana) 在內的四部印度古典文學、以及《聖經》的「新約」(New Testament) 部份。這些古典文學透過現代作者的重新詮釋，呈現出足以吸引少年讀者的文字、意趣和品味，書末更有原著的介紹、分析和討論，讓有心進一步鑽研的讀者能夠輕易探入古典文學的高深境界。

我才疏學淺，因此在和 Real Reads 的出版人暨編輯 John Button 先生商量之後，決定下手的第一本便是奇幻有趣的《西遊記》，然後是詭譎重智的《三國演義》和令人讀了熱血沸騰的《水滸傳》，最後才是莫測高深的《紅樓夢》。如今 Real Reads 中國古典叢書系列的《西遊記》(Journey to the West) 已經在英國出版，可以在亞馬遜網路書店找到，而《三國演義》(The Three Kingdoms)、《水滸傳》(The Water Margin) 和《紅樓夢》(Dream of the Red Chamber) 也將於九月出版，以趕上十月中在德國舉行的法蘭克福書展 (Frankfurt Book Fair)。

面對《西遊記》的這次西遊，不禁想起當初用英文改寫這本古典小說的許多酸甜苦辣心情，謹在此為文紀念，也和其他喜歡這部書的讀者分享。

《西遊記》一共有一百章，在改寫過程中碰到的第一個困難便是如

何把書中主角的各個名號妥切地用英文表達出來。例如孫悟空又稱孫行者，自號齊天大聖，書中又稱美猴王、弼馬溫、心猿、金公，僅僅是翻譯就令人頭痛，更不用說是選擇一個讓少年讀者好唸好記的英文名字，最後只能定名為西方讀者和電視、電影觀眾已經耳熟能詳的 Monkey。又如豬八戒又名豬剛鬣，法名豬悟能，書中又稱為木母，只好就其「物種」和個性而名為 Piggy；沙和尚法名沙悟淨，又稱為沙僧，只能因為其出沒於流沙河而勉強名為 Sandy。最令人想要拔頭髮呻吟的是唐三藏，俗姓陳，小名江流兒，法號玄奘，號三藏，被唐太宗賜姓為唐，在書中還一度被豬八戒改名為「沉到底」，我想來想去，總覺得 Monk 太簡單，最後定了個 Xuanzang，看起來正經八百，唸起來可拗口。

和名號同樣複雜的是孫悟空、豬八戒和沙和尚的兵器和法術，以及他們成佛之後的身份。例如「如意金箍棒」和「九齒釘耙」都還算容易用英文解說，「降妖寶杖」有點傷腦筋，再加上唐三藏的「九環錫杖」和「錦襴袈裟」，就足以讓人吐血。比較起來，七十二番變化和觔斗雲的說明倒是容易些。至於「鬥戰勝佛」、「旃檀功德佛」、「淨壇使者」和「金身羅漢」又該怎麼翻譯？好不容易想出答案，只怕白髮也多了四根。

最令人傷腦筋的是書中的眾多神魔鬼怪，無數場景，應該怎麼取捨，才能維繫原作者吳承恩的精神和創作本意，保留原著特色，又足以在短短六千字的英文故事中展現這部小說的各種精彩特色和情節？花果山是一定要提的，所謂的「東勝神洲傲來國」就免了。獻「天河定底神珍鐵」給孫悟空的龍王，以及被迫把他從「生死簿」上除名的閻王和判官，都獲得一提，西王母、太上老君、哪吒、乃至於黎山老母一類的神明就只能默默無名，連一路當白馬馱行李上西天的龍王三太子都被省除了，頗有抱憾。二郎神大顯身手，如來佛祖和觀音菩薩多加護衛保佑，還有那高與天齊的五行山，孫悟空撒的那一泡尿，以及唐三藏老是拿來碎碎念的金箍咒，都列入書中情節。至於那前仆後繼、排隊等著吃唐三藏的肉的無數妖魔，就只能以牛魔王、鐵扇公主和紅孩兒為代表了，實在是無

奈。

在九九八十一場劫難部份，如何選擇有趣而更有意義的情節，足以襯托出唐三藏取經的心志虔誠堅決，孫悟空、豬八戒和沙和尚三人之間的複雜情誼，各種神魔和妖孽之間的攻防協作，以及他們加諸於師徒四人的各種心靈、神智和肉體上的誘惑和苦楚，應該是最大的學問。《西遊記》的章回體裁能夠把各式各樣的場景串連在一起，各個故事之間可以毫不相連，英文的故事寫作卻必須頭尾連貫，起承轉合都得合理，以免被讀者抓到空處而緊問不捨，要自圓其說也難。比方說孫悟空和二郎神纏鬥不休，最後變身成廟宇，眼睛是窗櫺，嘴巴是門宇，尾巴不知道怎麼辦，姑且變成廟後的一根旗竿，西方的少年讀者就要問：廟宇後面為什麼要立一根旗竿？不能豎在廟前嗎？又如孫悟空被壓在五行山下，至唐三藏出場，這其間的五百年究竟發生了什麼事？還有一些妖魔明明就是天上神明的部屬或寵物，為什麼不好好管制他們，被他們溜到人間去胡作非為？唐三藏好不容易取經成功，為什麼諸神還不滿意，非得讓他經歷滿八十一劫不可？這些問題在讀中文書的時候完全是理所當然，不需解釋，碰到英語讀者就顯出其中單純的疑問性了。

《西遊記》中的許多劫難用中文讀起來極有趣味，一旦轉述成英文，卻有囉嗦瑣碎且令人莫名其妙之感。比方說白骨精三次被孫悟空打，每次換一個屍體，實在也太方便了吧。盤絲洞的七個蜘蛛精擾得人不得安寧，偏偏又有個師兄是蜈蚣精，還得勞煩本尊是公雞的昂日星官出馬鎮妖，等到這一切解釋完全，讀者老早就失去了興趣。金角大王和銀角大王的作惡，還有他們的羊脂玉淨瓶和紫金紅葫蘆，以及黃袍怪霸佔公主二十年、最後又把唐三藏變成老虎，甚至女兒國的國王和蠍子精都想搶唐三藏為夫，在編輯過程中都因為太過天馬行空及瑣碎而被刪除了。

那麼還有什麼是剩下來的呢？例如車遲國的虎力大仙、鹿力大仙和羊力大仙和孫悟空鬥法，就顯得出孫悟空的本事。子母河讓豬八戒和唐三藏懷了孕，必定要提，後來解胎的過程就太複雜而必須簡略。真假孫悟空的鬥爭絕對精彩，但是六耳獼猴的來歷就不用提了。孫悟空請觀音

《為自己讀書》

菩薩制服紅孩兒,後來又和鐵扇公主及牛魔王大打出手,其間的描述就頗詳細。最後孫悟空在滅法國給大群人剃頭,在鳳仙郡勸善施甘霖,又在天竺國把變身公主的玉兔交還給嫦娥,算是除了「天災」之外,對於「人禍」幾番簡單速寫。至於唐三藏和三個徒弟取經成功、回返長安、最終成佛的過程,自然也得費些筆墨。

如此一路寫來,深深感受到《西遊記》的深奧,在各種詼諧滑稽、令人匪夷所思的人事物景之後,其實都有作者意欲表達的深意,只是古往今來的讀者解讀不同而已。希望藉著這次的英文改寫,還有繪者江長芳的精美插圖,這部偉大的中國古典小說能夠引起更多西方讀者注意,特別是少年讀者,多少能夠培養一點對於中國古典文學的興趣,進而開闊心胸,也是好的。至於《三國演義》、《水滸傳》和《紅樓夢》的英文改寫過程和其間取捨,就要等到這三本書出版的時候,再向讀者介紹囉。

——原載於 2011 年 7 月 19 日

《為自己讀書》

關於呂布的選擇

　　這篇文章要寫的是「關於呂布」的選擇，而非關於「呂布的選擇」。我在〈《西遊記》西遊記〉這篇文章裡提到將近兩年半以前，我應英國的 Real Reads 出版社之邀，與台灣的優秀繪者江長芳 (Shirley Chiang) 合作，共同把中國四大古典名著改寫成適合西方少年讀者（八歲至十三歲）閱讀的英文故事。那篇文章寫的是《西遊記》(Journey to the West) 的改寫經過和心得，這篇文章就來提一下《三國演義》(The Three Kingdoms) 這本書的改寫。

　　首先當然是英文書名的選擇。一般在西方都把羅貫中的古典小說《三國演義》翻譯成 Romance of the Three Kingdoms，然而當代對於文類的畫分可以說是越來越複雜，在考慮到 romance 這個字可能會對少年讀者造成某些誤解之後，《三國演義》的英文書名便決定為簡單俐落的 The Three Kingdoms。

　　其次是書中主角的選擇。《三國演義》可不像《西遊記》那樣把冒險的光彩集中在唐三藏和三個徒弟身上，而是在長達八十萬字的一百二十個章節裡描寫了將近一千個英雄和梟雄人物的各種事蹟，因此要選擇大約十個左右的主角就難了——曹操、劉關張三兄弟、諸葛亮、周瑜等人當然一定要提；說到孫權，就得扯出其父親孫堅和哥哥孫策；還有那陰險狡獪的司馬懿一手導演了三國時代的結束，更不能放過。

　　至於其他諸侯們的選擇，就實在令人頭痛了。因為黃巾之亂不能錯過，所以一定要提董卓，同時袁紹在曹操的崛起過程中居功匪淺，他的弟弟袁術就得被忍痛犧牲了。另一方面，劉備的成名與其在徐州的得勢自然要感謝公孫瓚和陶謙，但是這兩個人在改寫過程中都無緣出現。還有那無數的謀士和勇將，每次放棄一個，就令人長嘆一聲。

　　最令人頭痛的當然是呂布，這人簡直就是牆頭草，兩面倒，光是寫他翻三覆四、東倒西靠的過程就讓人傷腦筋，還得解釋他和貂蟬、董卓

三人之間的複雜關係，尤其是他自傲狂妄、目中無人的個性，利用別人之後立刻予以毀棄或陷害的陰險，再精湛的武藝和得意的成就都無法掩飾。然而在九次試圖改寫《三國演義》的過程中，最終決定要刪除呂布這個角色的原因，還是在於英文方面的考量。畢竟，劉備的 Liu 無論如何也不能放棄，還有曹操的 Cao Cao、諸葛亮的 Zhuge Liang、董卓的 Dong Zhuo 和周瑜的 Zhou Yu 都已經夠難發音了，要再強迫英文讀者接受一個 Lu Bu，實在是不混淆拗口也不行。

因為沒有呂布，赤兔馬就只能單純地成為一個曹操送給關雲長的禮物。《三國演義》的改寫繼承了中國文學和民俗對於關公的一貫推崇，因此關雲長無論如何也不肯投降曹操、過五關、斬六將、大顯英姿的過程，是一定要大加著墨的。關雲長最後雖然死在孫權手下，鬼魂卻去騷擾曹操，同時張飛和劉備因為悲憤關雲長的枉死而分別犯下不可彌補的錯誤，前者被殺，後者戰敗之後病死，遙相呼應書前對於桃園三結義的佳話，同樣也是傳統式的刻畫手法。

說到三國之間的征戰，同樣也是「沒有永遠的敵人，更沒有永遠的朋友」，曹操、劉備和孫權都在改寫過程中展現出無比的膽識和才智，特別是身為領導者的風度和才幹，不能被抹煞。即便是曹操這種梟雄也有主動割髮以讓全體軍士心服口服的一面，而劉備建議曹操下手殺呂布的無情，就因為呂布這個角色的刪除而略過了，算他幸運。孫堅發錯了誓而死在亂箭之下，孫策被道士于吉的陰魂騷擾而病死，這兩件事同樣也突顯出他們身為英雄的當下所具備的人性。

劉備三顧茅廬的故事當然一定要說，周瑜對諸葛亮的嫉妒也一定要提，於是從草船借箭一路寫到赤壁之戰，敘述借東風故事的時候還要含糊帶過諸葛亮為什麼突然有能力呼風喚雨。這是改寫《三國演義》的難處，如果只重視描寫人物和戰略，許多超自然的因素就必須割捨。西方的少年讀者可能很自然地會想到諸葛亮一定是先看了電視上播出的氣象預告，知道三天之後會起大霧，才可能自信滿滿地答應周瑜借箭十萬的要求，同時把曹操和周瑜兩人氣個半死。與此同理，諸葛亮南征北討、

西服蠻夷的諸般策略靠的都是智慧和邏輯，更有對於人性的深刻理解，否則也不能在七擒七縱之後降伏孟獲。儘管木牛流馬的故事終究被忍痛犧牲，諸葛亮重病時唱空城計、死後還能後把司馬懿嚇得魂飛魄散的精彩手段，強調的還是他的才華，而非其呼風喚雨的手段。

在改寫《三國演義》的過程中一共只描述了四場戰役：曹操和袁紹的官渡之戰（外加火燒烏巢），曹操攻打孫權和劉備的赤壁之戰（強調火攻連環船，只是先前的周瑜打黃蓋和之後的關雲長義釋曹操於華容道都得省略），猇亭之戰（突顯劉備的敗筆和孫權的火攻），以及五丈原之戰（不得已把諸葛亮的空城記「乾坤大挪移」至此，同時強調「死諸葛能走生仲達」）。這些敘述的段落雖然因為篇幅有限而不能盡善盡美，多少能夠呈現出三國之間你來我往的權謀爭霸，以及曹操、諸葛亮、周瑜、司馬懿等人的智識。

儘管「話說天下大事分久必合，合久必分」這句話沒有明確寫出，更別說是翻譯那首優美絕倫的「滾滾長江東逝水，浪花淘盡英雄，是非成敗轉頭空，青山依舊在，幾度夕陽紅」。在改寫《三國演義》之後，不禁覺得那個悠遠年代的紛亂繁雜、勾心鬥角，豈是短短六千字的英文所能概括。在書後的「深度閱讀」(Taking Things Further) 部份特別說明了羅貫中《三國演義》的成書背景，以及傳統中國讀者和論者對這本書的認識與評價，例如統一三國的雖然是司馬氏的西晉，一般還是以劉備的蜀漢為東漢宗室的正統接班人；又例如關雲長的忠義令後人千百年崇敬，比較起劉備的「兄弟如手足，妻子如衣服」，乃至於俗話所警惕的「少不讀水滸，老不讀三國」，足以令現代少年讀者深思的課題就很多了。從古代到現代，從東方到西方，人性真的有如此大的變化嗎？

——原載於 2011 年 10 月 24 日

《為自己讀書》

澳洲新書發表會紀實

今年的二月四日星期六,墨爾本市艷陽高照,卻隱隱有風雨即將來襲的感覺,陽光刺得人難以睜眼,空氣也有些黏答答的,我就選在這天來舉行新書發表會,當真不是抬舉。

話說 2009 年四月,我應英國的 Real Reads 出版社之邀,與台灣的優秀繪者江長芳 (Shirley Chiang) 合作,共同把中國四大古典名著改寫成適合西方少年讀者(八歲至十三歲)閱讀的英文故事。這四本輕薄短小的英文書(每本只有六十四頁)於去 (2011) 年十一月已經出版,我卻疏懶成性,沒能即時舉辦發表會,於是趁十二月和一月的時間在家裡大興土木,為召開新書發表會而展開「愚公移山」的本事。

為什麼要在家裡大興土木呢?原來是因為出版社遠在英國,我要在澳洲推銷這四本書,就只能一切自己來,再加上我平時「宅」慣了,孤陋寡聞,不善社交,只能就親朋好友各家多多邀請(外加拜託、脅迫、下跪、斬雞頭等等),並且在自家花園裡設宴款待。我們一家人花了兩個月的時間在花園裡造橋鋪路,砍樹造林,修化糞池,割草澆花,同時鋪新屋頂,更換前門,打理書房,搶修冰箱,務必要使家中和花園能夠勉強見人。發表會前四天我更花心思做了十道點心,六道鹹,四道甜,準備到時候把客人們都撐得七葷八素,他們就不好意思不買我的書了。

發表會前一天,我還在油漆後陽台的木頭地板,然後我們一家人合力架起兩個大帳篷,把兩張長桌和十幾張椅子排在裡面。發表會定於下午兩點到四點,當天早上我們把新買的熱水壺抬到後陽台,足足可以煮五十人要喝的茶和咖啡,然後放上幾十個各色杯子,十幾瓶各色飲料,把兩百本書在陽台的小桌上排好,我便開始趕著把各種點心加熱、排盤,然後到前門去「接客」。站在那裡看著門前的車水馬龍,不禁覺得自己的身份微薄,當真是要強顏歡笑,整整兩小時以笑語迎人,實在不習慣。我寧可一輩子躲在書房裡寫東西,避不見人,也比這樣「出賣自己」要

強。

　　然而客人還是要來,一來就是將近四十個,霎時之間,家中車水馬龍,人山人海,我連應對招呼都來不及,更不用說是享受自己親手做的點心了。眾人一進門就開始大吃大喝,十個大盤子轉眼騰空,酒一瓶一瓶地開,飲料一杯一杯地送,來自好幾家的將近十個小客人在花園裡的滑梯和鞦韆上叫嚷玩耍,當真是鬧得天翻地覆,我一時也眼花撩亂,手足無措。

　　然後便是被家人抓去公開展示,頻頻介紹我的「豐功偉業」,讓我恨不得找個地洞鑽下去(還得先鑽透後陽台的木頭地板)。之後我發表簡短的演說,感謝大家光臨,同時許下每年開一次這種「轟趴」(home party)的豪願,一面暗自下定決心要繼續努力寫作(熱血握拳遠目)。有客人提出創作和插圖之間的關連,我只得簡單地把兩年來和出版社及繪者交流的過程訴說一遍,原本只預定三分鐘的演說,就這樣拖長到五分鐘,最後終於能夠了事。

　　我在演說中提到,中文說寫作是「爬格子」,和翻譯差不多,當真是得一個字一個字地硬擠出來。這漫長的過程可以是相當孤單的,因為寫作的人無法知道自己的聲音是否值得被聽見,聽見的人是否又會喜歡,於是只能躲在自己的角落裡苦苦耕耘,希望自己的文字有朝一日能夠對社會有用,對人群做出貢獻。然而近年來我學到了一點:寫作可以是不孤單的,因為有機會舉辦這種「轟趴」來和大家分享,眾人吃吃喝喝,各家親朋好友皆大歡喜,才是最有意義的。

　　然後大家開始掏錢買書,我一時疏忽,竟然沒有準備簽書的桌子,只好委委屈屈躲在陽台一角的地板上一本一本地簽字蓋章,好像誰家的小媳婦一樣。家人權充經紀人,收錢的時候竟然也很寒酸,隨便拿個盒子裝錢就算了事,十分欠缺專業。簽書過程中,我們中國人蓋章的習慣顯然不同凡響,我也藉此機會解釋了許多,大家點頭稱是,也不知道究竟聽懂了沒有。有些人只買一本,有些人卻一出手就四本全買,我沒有時間去計算大家究竟買了多少本書,只是覺得心裡很感激,是有話說不

出口的那種全心全意的感恩。

　　到了下午四點，客人們陸陸續續地都離開了，我們一家人累得癱在沙發上，看著窗外的天色逐漸陰暗，然後氣溫驟降十度，我們儘管累得半死，還得把花園裡和陽台上重要的東西都搬進屋裡，以免被暴雨打濕，晚餐也只能隨便解決，因為一點食物也沒有剩下。我自己的感覺是這種「轟趴」雖然使人精疲力盡，卻也很讓人開心。我喜歡看到客人們快快樂樂地享用我親手烹調的食物，至於他們買不買我的書，買了之後又喜不喜歡，實在不是很重要。（像我這種三毛錢也不值的小人物，實在也只能這樣安慰自己吧。）

　　後記：關於《西遊記》和《三國演義》的英文改寫經過心得，已發表於〈《西遊記》西遊記〉和〈關於呂布的選擇〉兩篇文章，改寫《水滸傳》和《紅樓夢》的心得卻遲遲交差不出，只好日後再補，請各界讀者見諒。

——原載於 2012 年 2 月 28 日

《為自己讀書》

有趣的「喜愛博客獎」

晚上收到一封電子郵件，是一個名字落落長的部落格主寄來的，她說想提名我獲得所謂的「喜愛博客獎」(Leibster Blog Award)，著實令我吃了一驚。

大家都知道「博客」一詞是「部落格」的別稱，卻也包含了「部落客」的意義。有趣的是，我在網上查詢 Leibster Blog Award 的中文翻譯，結果搜尋引擎列出來的都是各種得過獎的博客，也就是簡體中文的部落格。如果要進行 Leibster Blog Award 連同「部落格」的查詢，則根本沒有結果。難道創作繁體中文部落格的各界才子才女都不時興這個獎嗎？

如此一來，「喜愛博客獎」又可稱之為「喜愛部落格（客）獎」了，然而要我來說，前者還是一個相當不錯的翻譯，後者也不免累贅。真要詳細探究來源，Leibster 這個字是德文，有 sweetest、kindest、nicest、dearest、beloved、lovely、kind、pleasant、valued、cute、endearing、welcome 等多重意義，總的說來就是討人喜歡的意思啦。

那麼各種博客（或部落格）又如何才能得到這個獎呢？說來好笑，這個獎是為了鼓勵那些新成立的博客（或部落格）而建立的，如果有讀者看到一個博客（或部落格）內容很精彩，值得推廣，但是人氣卻不怎麼樣，就可以提名對方獲得這個獎，以茲嘉勉、鼓勵。需要注意的是，這裡所謂的「人氣」不是訪客人數，而是有多少人正式登記「跟隨」(follow) 這個博客（或部落格），願意不定期透過電子郵件收到每一篇新文章，也願意知道該博客（或部落格）的所有動向。

有資格提名任何博客（或部落格）獲得這個獎的讀者，當然也包括了其他博客（或部落客）。相對之下，有資格獲得提名的博客（或部落格）的「跟隨」人數必須少於兩百，也就是實在沒有什麼人看啦！大家讀到這裡，可能會覺得好氣又好笑：根本沒有什麼名的博客（或部落格）也能得這一文不值的獎？別笑掉我的大牙了！

《為自己讀書》

更有趣的是,被提名的博客(或部落格)如果願意接受這個「喜愛博客獎」,首先就要公開感謝提名的人(因此有機會宣傳提名者本身的博客或部落格),然後回答提名者提出的十一個千奇百怪的問題。獲獎的博客(或部落格)還要進一步提名另外十一個值得鼓勵的博客(或部落格),然後自己想方設法提出十一個古怪的問題,讓對方回答。據說早年這個獎的要求只有三到五個提名和問題,至於為什麼如今增長到十一個,我就不知道了。

其實我被提名的部落格不是這一個,而是我的英文部落格 Voices under the Sun,翻譯成中文倒也是「陽光下的聲音」。我從去年二月開始寫這個英文部落格,至今也有一年多,「跟隨」的人數卻只有二十六個,當真是可憐到家,乏人問津。也許真的是有人覺得這番景況實在慘不忍睹,才會慷慨提名我吧?這份好意可真是令人刻骨銘心啊。

於是我很辛苦地在百忙中抽空出來寫了一篇文章,先感謝提名者的好意,然後回答她提出的十一個問題。在此把這些問題列出來,給大家參考:

1. 你最喜歡的是哪一本書?
2. 如果你可以把別人的生活偷過來,會想偷誰的?為什麼?
3. 你最想去旅行的是哪一個國家?
4. 如果你可以進行時光旅行,會想去哪個時間?為什麼?
5. 你一直想達成、卻又沒有機會達成的目標是什麼?
6. 你最喜歡的(英文)字是哪一個?
7. 你若是沒有就活不下去的食物是什麼?
8. 你有什麼怪異的特點?
9. 你如果獲頒奧斯卡金像獎,在致詞時會想感謝誰?
10. 如果你可以有世界上任何一種工作,會想做什麼?
11. 如果你可以選擇任何一個電視影集,然後生活在其中,會選哪一個?為什麼?

在此就不把我自己的答案列出來了,以免傷害大家的視力。要說的

《為自己讀書》

是，在很辛苦地回答完這些問題之後，我還得很辛苦地尋找十一個內容精彩、值得鼓勵、「跟隨」人數卻還在兩百以下的博客（或部落格）來提名這個獎。我的老天爺！當今的網路世界中，哪裡還找得到這種不怎麼受歡迎的博客（或部落格）呀？我平時定期拜讀的博客（或部落格）都有成千上萬的「跟隨」人數，而那些沒什麼人瀏覽的博客（或部落格）當然也不值得我去浪費時間「跟隨」吧？這不是理所當然嗎？

話雖然這麼說，想到別人肯花時間心力來鼓勵我這個三毛錢都不值的小人物，我也得有樣學樣，好好地對其他景況難堪的博客（或部落客）們鼓勵一番，畢竟「文人相輕」之風不可長，創作這回事只有互相提攜、支持、打氣、砥礪，每個人才有進步的可能。如果大家只知道互相打壓、攻擊、毀謗、辱罵，天天當「只准我罵人，不准人罵我」的「網路怪獸」，那麼當初網路建立的民主宗旨也沒有什麼意義了。

更何況，想來這個獎設立的意義在於鼓勵那些新成立的博客（或部落格），讓他們有機會透過各種形式的推廣而引人注意，同時給予肯定，讓他們不因為無人注意而灰心放棄。這樣好的用意，不支持也不行。每個人都曾經跌跌撞撞地開始過，長跑或百米冠軍又怎麼能回頭恥笑蹣跚學步的小嬰兒？

所以我花了一個晚上，挑了許多曾經支持、鼓勵我的（英文）博客（或部落格），仔細將之篩選，列出十一個，又像猴子那樣抓耳撓腮，苦心竭慮地想了十一個問題出來「刁難」他們。（在此用「刁難」一詞不為過，因為我所知的英文規則裡用的字其實是「折磨」(torture)！）值得一提的是，我在網路上看到的許多博客都只顧著嘻嘻哈哈領獎，根本把回答問題、提名他人和提出更多問題這幾件事拋到九霄雲外去了。

不管怎麼說，以下也把我想到的十一個問題列出來，大家看看好玩就可以了：

1. 對你影響最大的作家是哪一位？
2. 你最喜歡哪一部電影？
3. 如果你可以寫出任何作品，會取什麼題目？

《為自己讀書》

4. 如果你可以住在世界上任何一個地方，會選哪裡？
5. 如果你去世時只能留一本書給子女，會選哪一本？
6. 你晚餐最喜歡吃的一道菜是什麼？
7. 如果你可以遇見外星人，會如何向它們介紹地球？
8. 你最喜歡的數字是什麼？
9. 如果你的生活中可以沒有網路，會做什麼事來打發時間？
10. 如果你可以隨便改名字，會選什麼？
11. 如果你可以把人生重新活一次，會想改變什麼？

　　我想大家看到這裡也知道，我已經接受這個「喜愛博客獎」了，畢竟寫部落格不容易，能寫到有人注意（即便只有寥寥幾個「跟隨」者）則更難。謹以此短文和所有中文世界裡的博客和部落客共勉，大家努力繼續寫作，不要灰心，更不要放棄！只要你肯動筆，就一定會有人看。加油！

——原載於 2013 年 3 月 20 日

《為自己讀書》

關於一則微博的「趣事」

今天早上在新浪微博（非常小心地）發表了一段話：「今天一直在想台灣著名歌手張雨生，才三十一歲就英年早逝的他有多部重要作品，包括〈我的未來不是夢〉、〈天天想你〉、〈沒有煙抽的日子〉等，我想到的卻是〈大海〉：『如果大海能夠喚回曾經的愛，就讓我用一生等待。』那些曾經的璀璨青春，流過的淚水、汗水，甚至血水，都不會被遺忘。」

到了晚上，這段話就被系統人員「加密」了，理由是「此微博不適宜對外公開」。我當下立刻想到戚建邦《黎蒼劫》裡的一段話，才打了半段，這下可好，系統人員當下就說「抱歉，此內容違反了《新浪微博社區管理規定（試行）》或相關法規政策，無法進行指定操作」，連發佈都不行了。

所以還是要來引用《黎蒼劫》的這段話：

「宋師爺長長吁了口氣，壓低聲音說道：『聽說左光斗大人上奏之前，早已吩咐左夫人先行南下。只可惜魏忠賢手腳太快，左夫人還沒出保定府，這就已經派人來拿。唉……上什麼書？彈什麼劾？想那九千歲魏忠賢位居司禮監次輔，任秉肇太監，朝臣的奏章都要經過他那一關，近年來甚至傳言有些奏章根本沒能上達天聽，就讓他給直接批了。左大人他們上這種書，不是跟自己的性命過不去嗎？況且魏忠賢還任提督東廠，錦衣衛南北鎮撫司都聽他號令。左大人他們自己性命不保也就罷了，只怕一家老小都難逃一劫。』他轉向方姓衙役，說道：『你說此案牽連不小，只怕沒有說錯。魏忠賢閹黨策畫許久，多半會藉此事件大舉行動，徹底剷除東林黨人……』

本來還想在新浪微博引用王丹的「致港人公開信」（感謝網友 Yvonne 的推薦），現在看起來是行不通了，所以也在這裡引用，以為今日的註腳：

《為自己讀書》

「在全球化的大背景下，我們不分族群和國界，都是利益相關者；在爭取自由的戰場上，我們都是同盟軍。」

「這個世界上，有一些價值，是超越族群，超越黨派，甚至是超越政治的。那就是人道關懷，那就是對正義的堅持，那就是對那些為了爭取民主而犧牲的人的尊敬與悼念。這些文化，才是真正意義上的民主。」

——原載於 2013 年 6 月 4 日

《為自己讀書》

公開答網友 Gary 關於新浪微博及其他

感謝網友 Gary 的留言，說是看見我在英文部落格寫的一篇 On the censorship of a microblog，非常喜歡，希望我能翻譯成中文，發表在中國的網路上，與網民分享。這實在是謬讚了。這篇文章的中文版本比較簡單，其實就是我於六月四日發表的〈關於一則微博的「趣事」〉一文，當時在心情激憤之下一揮而就，網友 Yvonne 看了之後說這「趣事」也來得「有點悲哀」，我心有戚戚焉。至於英文版本，因為許多英文讀者儘管可能知道王丹，卻不見得知道他的那首詩〈沒有煙抽的日子〉，更不一定知道張雨生，所以有許多背景資料得交代一下，文章就變得落落長了。

老實說，我不認為當前在中國還有哪裡可以刊出這樣的文章，更不用說是在網路上和廣大網民分享了。其實我當初在寫中英文兩篇文章的時候，心裡不免犯嘀咕，覺得這不是刻意去老虎頭上拔毛，然後再來哭訴老虎的張牙舞爪不公平嗎？中國對於言論自由的嚴格禁制審查是全世界有名的，我卻非要挑六月四日這一天來「以身試法」，還認為自己寫得足夠「隱晦」而沾沾自喜，以為可以逃過新浪微博系統人員的審查，這不是魯班門前弄大斧，自不量力嗎？

其實我當初加入新浪微博的時候，頗有驚豔的感覺，一方面是真切接觸到許多中國網民的心聲，看見他們對於現實的關注和批評有時候深刻激烈到讓我看了「心酸」更「牙酸」的地步，不免為他們的身家性命擔心；另一方面卻也驚嘆於許多中國網友的巧思慧心，才華洋溢，寫出來的都是相當有文藝性的句子，令人仰慕。我最喜歡的是新浪讀書，看似隨機而其實有系列地介紹各種好書，讓我每一本都想買。

所以，在這樣新奇的開場之後，突然被新浪微博的系統人員「加密」，感覺起來就特別憤憤不平，大呼冤枉。我後來寫了一則微博，大意是一遭被蛇咬，十年怕草繩，現在在新浪微博上都不知道應該說什麼

才好了。然而讓我覺得奇怪的是，中國的網民，乃至於一般民眾，每天生活在這種凡事都要被嚴格審查控制的環境裡，真的都已經習以為常了嗎？想說話而不能自由出口，因此學會了拐彎抹角，擅用各種象徵暗示，倒也情有可原，但是如果被這種環境長久塑造，以至於形成扭曲變異的人格，甚至以為這是自然而然，見怪不怪，那就令人擔心更痛心了。

《紐約時報》中文網是一個很棒的網站，只可惜在中國看不到。其於今 (2013) 年二月二十二日和二十五日刊出了兩篇評論美國軟體公司 Geomagic 的創辦人傅蘋的自傳《彎而不折》(Bend, Not Break: A Life in Two Worlds) 的文章，說這本書因為提到中國「文化大革命」中的許多秘辛而在華人圈中被罵得狗血淋頭。傅蘋在書中解題介紹說：「竹子本身有彈性，能被強風暴雨折磨得一再彎曲而卻並不折斷，能在任何環境下生長，這暗示了韌性 (resilience)，代表我們即使是在最艱難的狀況下也能有所反彈 (bounce back)。你的生存能力最終取決於你對於生存環境的態度，最好能優雅地接受一切，在需要的時候付出動力，卻能隨時保持內在的平靜。」

竹子的這種韌性當然令人欽佩，但是值得擔憂的卻是那些無論如何也能生長，以至於被人刻意塑造成奇形怪狀的各種盆栽植物。這種具有「東方情調」的小型盆栽裝飾在國外很流行，也往往配上一個寫著歪七扭八中國字的瓷盆，被人買去放在窗台上，就算是很有文化情調了。我覺得當前中國人所需要極力避免的，就是這種不真實也不自然的人造盆栽。做人儘管要像竹子一樣「彎而不折」，但是竹子彎得太久，就再也無法挺直了，難道一輩子都要像彎腰駝背的鐘樓怪人那樣躲躲閃閃，不小心在公眾場合露臉就被人譏笑調侃嗎？

而《紐約時報》中文網在今 (2013) 年二月和五月也刊出了一系列關於中國著名作家慕容雪村的文章，他在新浪、騰訊、網易和搜狐等四個微博上發表過二十多萬字，擁有八百五十萬以上的讀者，其帳號卻在五月十一日被莫名其妙地全面封殺了，沒有理由，沒有解釋，而其他許多有名的知識份子和公眾領袖的微博也遭遇到同樣的命運。慕容雪村因而

《為自己讀書》

在五月二十日發表了一篇名為「致黑暗中的弄權者」的公開信,信中提到:

「在你眼裡,我只是一個可以隨時註銷的用戶。但對我而言,這四個微博已經成了生活的一部份,這裡有我的親人和朋友,我們互致問候,談天說地,有時也開開玩笑。這裡也是我最重要的言論平台⋯⋯每一個字都經過精心的推敲,其中有讀書筆記、生活感悟、時事評論,以及一些條然而來的靈感。這些作品沒有觸犯法律,也沒有威脅到任何人的安全,它們不該被銷毀。不願透露姓名的先生,你可能不會明白,對一個作家而言,作品有時比他的生命還重要,而在五月十一日的夜裡,只因為你的一句話,這一切都被封鎖。」

慕容雪村又寫道:「我確信你有自己的理由,不管這理由是什麼,我都希望你能明明白白地告訴我,然後對我說一聲『對不起』。我知道你手握大權,但你無權銷毀我的作品、侵犯我的生活,還有更重要的:你無權剝奪我的言論自由,這是我的神聖的憲法權利。我知道,在這個國家,這個時代,我遠非你的敵手,我只是一介平民,一個靠微薄收入維持生計的作家,而你只需要拿起電話,就可以將我推進深淵。但我還是要坐下來給你寫這封信,因為我相信,你的權力只能肆虐一時,卻必不能肆虐永久。你可以刪除我的言論、註銷我的名字,卻不能奪走我手中的這支筆。在接下來的幾十年,這支筆將長久地與你對抗,你不可能永遠地棲身黑暗,黑暗也不可能永遠地庇護於你,總有一日你會暴露在陽光下,到那時,不願透露姓名的先生,我會讓全世界都知道你的名字。」

慕容雪村的整篇文章都值得引用,但是再引用下去就算是侵犯著作權了。如果真的有哪篇文章值得介紹給中國的廣大網友,那就應該是這一篇。我當然不是說,我自己的一篇小小的微博被「加密」,就代表我有資格和慕容雪村這樣有成就的作家平起平坐。我的文字既不深刻也沒有什麼內容,但是我也有我的管道。新浪微博「加密」了我的一則簡體中文的微博,我就給他們用簡體中文、繁體中文和英文同時在我的遠流

《為自己讀書》

部落格、樂多部落格、WordPress 部落格、噗浪、臉書、推特、Tumblr、以及我自己的網站裡大肆把這件事宣揚出來，至於 Pinterest 雖然以圖片使用為主，我依然可以找到一個好方法來掀出這件事。

我覺得，這就是中國的廣大網友所要做的：你敢禁、敢刪，我就敢掀、敢大肆張揚。你要「加密」或「註銷」我的一篇文字，我就給你以十倍的力道和管道宣傳出來。中國人民一日不站起來為自己的權利奮鬥，就得一輩子做個歪七扭八、畏畏縮縮的可憐盆栽，只能讓人指指點點。中國人民不能指望來自境外的力量幫忙或介入。這是你們自己的國家，你們自己的政府，更是你們自己的未來，你們如果不站起來對抗，還有誰會來救你們？

我的朋友戚建邦聽說了我想引用他的歷史武俠小說《黎蒼劫》，結果卻被新浪微博的系統人員禁止這件事，他在我的臉書上留言說，這就是他為什麼放棄在中國連載任何小說的原因。我覺得中國一日不重視並尊敬言論自由，對於其無數的作家就是一種箝制和遏殺，對於其文學發展也是一種莫大的阻礙，到最後吃虧的還是中國人民自己。中國文學要走入世界，中國要成為世界上的一個大國，要實現所謂的「中國夢」，就必須先從維護言論自由做起。

我對中國是很有敬意的，這是因為台灣和中國根本是兩個不同的國家，禮尚往來，平起平坐。我對中國的關心，就像我對世界其他各個國家的關心是一樣的。謹以此文和包括 Gary 在內的所有中國網友共勉之。

——原載於 2013 年 6 月 6 日

《為自己讀書》

SBS 中文「我們的故事」採訪談創作、翻譯、閱讀和出版

最近因為獲邀參加白馬城萬年青圖書館 (Whitehorse Manningham Libraries) 主辦的「中文文學節」活動 (Chinese Reading and Writing Festival)，主持「成年人中文好書推薦講座」(Chinese Reading Inspiration for Adults)，有幸接受澳洲多元文化廣播電台 SBS 中文部「我們的故事」單元採訪，和主持人夏宇暢談我個人在中英雙語創作、翻譯、閱讀和出版方面的經驗，很是長了一番見識。

我覺得這一類的活動，由所謂的「專家」在公開場合發表意見，和讀者、聽眾或觀眾分享，在過程中，獲益最多的經常是這些發言人，因為他們真切感受到來自受眾的期待，在自我警惕的同時更會精益求精，同時在最短的發言時間中必須盡力表達自我所能貢獻的一點才智，以加深受眾的印象，而且還要表現出一副很機智、瀟灑而博學多聞的樣子，這期間的絞盡腦汁、戰戰兢兢，往往到最後都是滿頭滿身的冷汗，頗有僥倖求生之感。在此要感謝各界媒體人給予這些機會，讓所謂的「專家」有見到天光的一天，還透過專業編輯、播送，表現出這些人比較能看的一面，實在是了不起。

我的這段訪談於 2019 年 3 月 2 日早上七點半播出，大約二十、二十五分鐘的內容，事前的電話採訪時間大約是四十分鐘。我們先簡單聊了一下大約要談的一些話題，進入氣氛之後就開始正式錄音，在這方面，主持人的引導決策就相當重要，如何掌控交談速度和涵蓋內容，如何適切調整話題的深入淺出，在必要的時候加入一點幽默或改為嚴肅，或是立馬轉移到下一個話題，而在整體上又能呈現一個「麻雀雖小，五臟俱全」的報導內容。就這樣，我在夏宇的專業引導之下，談了許多方面的個人經驗。

我在訪問中強調的是：鼓勵創作，鼓勵出版，鼓勵閱讀。在澳洲二

十多年來，有幸閱讀了許多中英文的好書，並盡力透過書評，予以介紹、推廣、傳播，同時透過翻譯，協助世界各地的中英文作家將其作品出版、推廣至中文世界的許多角落。我提到自己最喜歡的當然是創作，在翻譯方面則有一點「能力」，在閱讀方面和其他愛好文學的讀者其實沒有什麼不同，至於在出版方面則只是希望能盡一分心力而已。

　　我特別提到了2011年透過英國的Real Reads出版的一套四部作品，這是把中國四大古典小說：《西遊記》(Journey to the West)、《三國演義》(The Three Kingdoms)、《水滸傳》(The Water Margin) 和《紅樓夢》(Dream of the Red Chamber)，用英文改寫成適合西方少年讀者閱讀的小品作品。當然各界讀者專家不見得會認為這有什麼了不起，但這多少是一個介紹的工作，希望能透過生動有趣的文字，以及台灣優秀繪者江長芳(Shirley Chiang) 的妙筆生花，引起西方年輕讀者對中國文學以及文化的興趣，之後再做進一步的了解。哪天有空應該記錄一下當初改寫的過程，無論是和編輯、繪者的配合，或是書寫過程中的各種取捨和求全，都值得做個介紹。（請見〈《西遊記》西遊記〉和〈關於呂布的選擇〉兩篇文章。）

　　主持人夏宇在此提到，這是完全以讀者為導向的一種創作和出版，讓他想到我翻譯的一本《政變：甘迺迪總統遇刺始末》（Coup d'etat: The Assassination of President John F. Kennedy，簡體中文版譯為「肯尼迪」），以及我對一些澳洲亞裔和華裔作家的評介。由於這其中牽涉的範圍似乎滿廣的，我如何在創作、閱讀、出版和翻譯之間取得平衡？我強調，首先要有對於文學和文字的興趣，繼而產生無比的熱情，因而有了追尋、研究、鑽研的動力，而在此同時就是盡量透過文字，把各種好作品推廣出去，希望能帶動閱讀和討論的風氣。

　　但是夏宇提到很重要的一點，就是翻譯要有精準性，內容也千變萬化，難以捉摸，像翻譯改寫中國四大古典名著是一回事，翻譯甘迺迪總統時代的美國政壇動盪又是一回事。我的回覆是，翻譯是一種再創作，同樣是一個說故事的歷程，如何能把故事說得好，說得有趣，讓讀者覺

得：「嗯，這個故事就是以我自己的語言，以我自己的文化為出發點，寫給我看的。」這其中就牽涉到相當深入的研究，相當的鑽研和努力，我同時會注重讀者在閱讀的時候有什麼樣的感覺，在必要的時候做一個引導、介紹的工作。

總之，如果能把故事說好，一本書就有可看性。不管在翻譯過程中如何潤飾作品（只有絕對必要的增修，絕無刪減），都要以作者本身的文學風格、文學聲音為主，盡力將之精準、通暢而優美地表達出來，也就是所謂「信、達、雅」的翻譯三原則。有人說文學語言的「韻味」最難翻譯得精準，這一點我非常同意，也舉出中文的「和尚打傘，無法無天」和英文的「It is raining cats and dogs」為例，兩者要直接翻譯是絕對不可能的，但是英文的韻味可以找到中文相配的韻味來予以表達，只要肯花時間、精力、功夫，一定找得到相配而有獨特語言風味的表達方式，這就要看翻譯的人是否願意去付出了。這是為作者和讀者雙方面著想，因此翻譯的藝術絕對不可能由機器代勞。

夏宇在這裡提到很有趣的一點，就是中文讀者無論英文有多好，在閱讀英文作品時總會覺得缺少一種閱讀的韻味，因為大腦很自然地就會進行翻譯的工作。我同意自己也經常有這種感受，同時身為翻譯會有偏見，有時候會不由自主地去判斷翻譯的水準。但是，真正沈浸到故事之中，「進入狀況」之後，就能去追尋文學、文字，而不是語言了，這也是我為什麼經常引用美國恐怖小說作家史蒂芬·金 (Stephen King) 的一句名言：「故事好不好，和說故事的人本身無關。」(It is the tale, not he who tells it.) 因此我會鼓勵中文讀者如果有能力，或有興趣培養這方面的能力，不妨多找機會閱讀英文作品，特別是那些絕對優秀而又還沒有翻譯成中文、或尚未在中文市場普遍推廣的作品。從文學看文化，有這樣的機會就不要錯過，一旦跨過語言的難關，就能沉浸到故事裡，到那時，那種享受的感受就不足為外人道了。

說得夏宇怦然心動，接下來就提到許多澳洲華人移民作家的英語作品，其實和華人移民後代即所謂「澳洲本土作家」的英語作品，兩者之

間有著相當大的不同。父母或甚至自己為第一代移民的澳洲華人作家，不一定以英文為母語，在用英文創作時當然會面對一定的挑戰，往往也會有「我是為中文讀者寫？還是為英文讀者寫？」的困擾，因而為了市場，為了生存，甚至為了本身家族和社群的期許，而做出一些題材上的選擇。真正能隨心所欲、愛怎麼寫就怎麼寫、中英雙語都能如魚得水的作家，其實不多。

至於在澳洲出生成長的華人作家，如果父母親是移民，那麼從小受到家庭、社群和社會環境的影響，往往會面對「我是華人？還是澳洲人」的身份認同課題，這在其作品中其實相當明顯。再來就是當代的許多澳洲華人和亞裔作家，如果家族幾代都是土生土長的澳洲人，那麼所謂的「祖國」就明顯是澳洲了，其對華人世界可能有一定的嚮往和憧憬，但祖輩的「祖國」對他們而言只不過是另一個新奇而值得探索的國家。

而在此同時，上面提到的三種「澳洲華人作家」，除了對於自我的身份有獨特的理解和認同，讀者和論者對他們的身份和作品內涵也會有不同的判斷和期許，因而影響到出版界對他們的定位和推廣。以此延伸，不管是澳洲，還是世界各地的所謂「華人」和「華裔」作家，他們隨時隨地都在面對自我、讀者、論者和出版界，這四方面的身份認同協調。這正是華人和華裔作家所面對的獨特困境，乃至於身份認同危機，同時卻也是他們所特有的一種生機和契機，一種特有的活力和發揮空間。如何能把所謂的「危機」轉為「契機」，就在於作家本身是否能跳出特定以血源、語言、地域等種種人為定義為主的文化箝制，而能以跨文化的普世精神和角度去寫出有創意的新作品。

主持人夏宇提到很有趣的一點，就是第一代的華人移民作家，在海外的作品常有濃濃的鄉愁味，而我自己身為出版人，對這方面的看法是，西方對華人移民作家用英文創作的作品其實很熱衷，但是不免有一些比較通俗的認識和考量，比方說中國作家若是寫文革苦難就會暢銷，東南亞作家若是寫殖民地就能吸引眼球，海外作家就一定要有種族和文化衝突，這其實是很無奈的，而傳統出版社有其市場和銷售業績的顧慮，往

往必須迎合這種通俗性，這也無可厚非。但是同樣的道理，把危機轉為契機，如果能夠推出有創意而具有普世價值的作品，就能讓人眼光一亮，同樣是一種值得尊重和推廣的成就。

在創作方面，用英文創作和用中文創作，兩者的文字韻味是完全不一樣的。我接觸過許多中文作家其實英文很好，或是英文作家能閱讀中文，但是他們在寫成一部作品之後無法自己再用另一種語言表達出來，一定要找人幫忙翻譯，才能在寫作習慣、作品結構和文字韻味等方面跨越兩種語言文化之間所謂的隔閡。在此我介紹了自己出版的兩部作品，一本是用筆名創作的《山有蕨薇：向日葵中英雙語短詩選》(My Twitter Tiny Little Poems)，一本是純英文的《On Love, Life, Literature and Letter Writing: My InCoWriMo 2015》。前者是響應「全國寫詩月」(National Poetry Writing Month, or NaPoWriMo)，在 2015 年四月運用社交媒體推特 (Twitter) 發表的三十首英文短詩，後來翻譯成中文，以雙語形式出版。後者是配合「國際寫信月」(International Correspondence Writing Month, or InCoWriMo)，在 2015 年二月寫給全世界許多獨特人士的二十八封信，其中有相當多的移民心得。

夏宇指出，我自己不管是創作、閱讀、翻譯或出版，都很重視和讀者交流，而在交流過程中有一種鼓勵的意味——真是一針見血啊！我覺得當代的讀者在閱讀習慣和形式上有相當大的改變，而我自己對於創作、閱讀和出版的鼓勵，其實只出於對文學的一種熱情：能在信息量這樣豐富、生活這樣繁忙的一個時代，安安靜靜地讀一本好書，沈浸在其中，真是人生最大的享受，那種神遊古今、神馳中外的愉悅，是我一直致力想傳達的。夏宇說我是「書香藝術家」，實在不敢當。我說，自己只不過是個「文學愛好者」而已。

至於我自己做出版，只要有好作品，有獨特的文學聲音，我就願意協助作家出書，和他們一起追求創作出版的理想，也讓讀者有多元化的選擇。讀者喜不喜歡是一回事，卻能有各種選擇；作者是否能成功又是另一回事，但是其願意接受市場的考驗，就應該有這個機會和管道。身

《為自己讀書》

為出版人,只要我能在這兩方面小小地盡一分力,我就很高興了。事實上,我在過去幾年來失去了幾位優秀作者,都是在電子書出版後,因為這種儘管是微小的肯定和成就而被傳統出版社相中,因而得以正式出書,雖然我這裡因此而必須將其電子書下架,以免損害出版社的權益,我也心甘情願,繼而祝福這些作者前程遠大,一帆風順。

　　訪問最後,我提到自己在「中文文學節」活動中,以「成年人中文好書推介講座」為題而想推薦的一些優秀作品。由於這段訪問實際的播出時間是在這次講座之後,因此我在講座中提出的一些作品和訪問中提到的有所差異,在此就不細數了。在此要再次感謝白馬城萬年青圖書館舉辦這次「中文文學節」活動並讓我有參與的機會,更感謝澳洲 SBS 多元文化廣播電台中文部「我們的故事」單元夏宇先生的採訪、編輯和播出。

——原載於 2019 年 3 月 4 日

第二部：我思我感

《為自己讀書》

《為自己讀書》

Long Time No See

　　最近兩個月一直沒有增補部落格，主要是為了幫美國的一家智庫把一系列中文的學術論文翻譯成英文。這論文一共有十二篇，討論的都是中國的宗教發展課題，短則七頁、十頁，最長的則有三十五頁，全部十七萬字的翻譯要在兩個月之內完成，當真是早也趕工，晚也趕工，每天工作到清晨三點鐘，整個人精疲力盡，自然沒有多餘的時間來照顧部落格了。

　　今天好不容易把最後一篇論文翻譯完成，丟給校對去傷腦筋之後，便好好讓自己休息了一下。然而身體雖然放輕鬆，心中卻掛念幾篇想寫的部落格文章，心癢手也癢，真想立刻又回到電腦旁邊開始打字，只不過這次是為自己書寫，而不再是為他人作嫁衣裳了。想寫的文章太多，一時之間不知道從何處著手，思考半天，只想說一句話：好久不見！

　　Long time no see 這句話是在國際上常用的，不只是純粹從中文翻譯過去的「好久不見」，連一般以英語為母語的人也用得乾脆俐落。最近抽空查了一下這句話的來處，究竟是否像許多人所說的，是當初飄洋過海到北美洲淘金的中國苦工因為英文不順暢、文法不理解而發明出來的「中式英語」(Chinglish)？這句話真的可以使用無礙嗎？其究竟是約定俗成，還是以訛傳訛？我們平時說得暢快淋漓，到底會不會在國際友人面前貽笑大方？

　　根據「維基百科」(Wikipedia) 的說法，中國人最早開始使用英語是在 1630 年代，在東南海岸的幾個貿易口岸，如澳門和廣州等，用支離破碎的英文和從鴉片戰爭以後便大批抵達的英國商人交談。到了 1830 年代，這種英文的使用已經擴展到上海，像「洋涇濱」這個詞裡，「濱」這個字的發音其實是「幫」，便是從上海著名的外灘地區的英文名稱 (The Bund) 衍生而來的。

　　「維基百科」在這方面的論辯是這樣的：「由於英國人認為中文實

在難學，更因為中國人認為英文是低下的語言而拒絕學習，洋涇濱英語其實是英國人發明的，之後再由中國人為了進行各種商業貿易而加以改造。『洋涇』(pidgin) 這個詞，其實是中國人對英文的『商業』(business) 這個字的錯誤發音。洋涇濱英語一直沿用到十九世紀末，當時的中國人因為各國人士對於這種英文的輕視而不屑使用，因此才開始學習正式的英語。當時中國內部的教育系統也開始了對於英語的講學，在 1982 年正式成為中國最主要的外語之一。」

「維基百科」進一步指出，洋涇濱英語主要奠基於大約七百個英文單字，其他大約相同數量的字源則是各種現有的語言，包括中文在內。這種英文的特色便是單字的排列以中文文法為主，動詞經常缺乏時態，介係詞的使用也不多，比方說 "Have got raining come down" 的正確說法其實是 "There is rain coming down"，"Tomorrow my no can come" 的正確說法則是 "Tomorrow I can't come"，等等。

如今，即便是在華人之間，洋涇濱英語也已經沒落了，隨著國人教育水準的日漸提高，旅遊全球的日趨頻繁，大家的英文都能夠說得呱呱叫，自然是不在話下。回頭想起 Long time no see 這句話，其實多半使用於日常生活的熟人之間，比方說今天我們要寫正式的商業、政治或外交文件，就算用腳趾頭想，也知道這句話其實是不適合使用的。

至於其他原本是洋涇濱英語、後來卻在正式英語中紮根成長、乃至於開花結果的詞語，還包括了 lose face（丟臉）、no can do（不能做或做不到）、no go（不能去或禁止去）、where to（去哪裡）、以及 chop-chop（動作快點）等等。至於有名的「不入虎穴，焉得虎子」(No pain, no gain) 這句話，也有人認為是由早年華人洗衣匠發明的，客戶來領取衣服的時候如果沒有憑據，自然也拿不到衣服囉！(No ticket, no shirtie!)

我想起自己小時候不知道天高地厚，從同學那裡學到一句 "If you tiger me, I will give you some color see see."（如果你唬我，我就會給你一點顏色瞧瞧），就覺得自己好了不起、居然會說英文了。現在想起來，真是汗顏啊！英文的世界博大精深，理論和現實都得有相當的體驗才能

《為自己讀書》

確切理解,豈是像我當年那樣的單純無知所能夠領會的呢。

——原載於 2010 年 6 月 23 日

《為自己讀書》

電子書閱讀與「老大哥」現象

　　在《手癢的譯者》一書收錄的〈《陰影》下的媒體現象〉這篇文章中，我提到了運用手機和平板電腦閱讀電子書所能夠為讀者帶來的閱讀機會和隱私性。我寫道，「和紙本書比較起來，電子書是一個更具備讀者和內容之間一對一接觸性質的媒體，在購買時不必經手第三人，購買之後也不易出借，閱讀時更鮮少有人在身邊共享或在身後偷看。」

　　然而俗話說得好，「螳螂捕蟬，黃雀在後」，正當讀者欣喜於獨自沉浸在電子書的世界裡而不必擔心其他讀者的干擾時，包括亞馬遜 (Amazon)、蘋果 (Apple)、谷歌 (Google) 和邦諾書店 (Barnes & Noble) 在內的各大主流電子書出版和販售平台，卻能透過電子書的閱讀軟體，探知讀者的閱讀習慣和品味。

　　華爾街日報 (The Wall Street Journal) 於今 (2012) 年七月十九日刊出了一篇很有趣的文章，題為「你的電子書正在讀你」(Your E-Book is Reading You)。這篇文章指出，透過電子書的閱讀軟體，數位出版商可以很輕易地統計讀者的閱讀時間、次數和速率、閱讀的作品種類和數量、特別喜歡的作品內容、甚至閱讀和購買作品的習慣。

　　這些統計資料可以幫助電子書出版商和販售平台更進一步了解他們的讀者，同時也可以提供給傳統紙本書出版商做參考，出版更讓讀者感興趣的作品。特別是在作品類型方面，統計資料顯示科幻、愛情和犯罪小說通常都能讓讀者愛不釋手，非小說類作品、純文學小說和篇幅太長的書籍卻往往造成斷斷續續、甚至半途而廢的閱讀經驗。

　　換句話說，這些統計資料很可能也會影響到作者的創作習慣，而這正是許多作者對此一「老大哥」現象感到擔憂的原因。讀者沒有耐性看完一本書，並不代表這本書沒有價值。如果出版商和銷售平台一味以讀者嗜好為訴求，則出版業必定會失去其多元性與彈性，而在出版種類、深度和廣度上日趨狹窄。

《為自己讀書》

　　讀者很可能也會覺得自己的閱讀隱私權受到侵犯，因為一個人喜歡讀什麼書應該只是他或她自己的事，不能成為出版商和銷售平台爭取業績的工具。《華爾街日報》的這篇文章指出，僅僅在今年年初，美國加州就通過了所謂的「閱讀隱私法」(Reader Privacy Act)，法條規定執法機關必須先得到法院的許可，才能從電子書出版商和銷售平台那裡得到任何關於讀者閱讀習慣的資料。

　　這其間的平衡很難設定，電子書出版商和銷售平台當然希望透過各種統計資料而讓自己的產品更受讀者歡迎，然而讀者卻可能因為此一「老大哥」現象而對電子書的購買和閱讀產生拒斥。

　　有趣的是，如果電子書出版商和銷售平台在調查讀者的閱讀習慣和品味時，採取的是比較「光明正大」的方法，則會比較容易被讀者接受。比方說在一本紙本書出版之前先推出部份內容的電子版，觀察讀者的反應，並徵詢讀者的心得與建議。又比方說，在銷售平台上開闢和作品有關的網路遊戲或討論區，藉以了解讀者對一本書（包括紙本和電子兩種版本）的喜好程度，哪個情節或主角又特別受歡迎。

　　總的說來，商家和消費者之間的攻防戰永遠都不會結束，商家費盡心機想了解消費者的口味，以便於多賺些錢，消費者滿心希望商家能推出更吸引人的商品，卻又不肯輕易提供相關資訊。

　　可以肯定的是，讀者的閱讀習慣和品味儘管會因為作品載體的不同（紙本書或電子書）而產生差異，整體來說，還是一個不會輕易改變的大趨勢——每個人都喜歡讀好書，也會心甘情願花費時間和金錢在自己心儀的作品上。電子書和紙本書的出版商與銷售平台如何能夠討讀者的歡心，卻又得想方設法尊重讀者全體和個人的權益，這其間的分寸，即便是在這數位時代裡，也和傳統一樣難以掌握呀。

——原載於 2012 年 8 月 15 日

《為自己讀書》

少年小說的成年讀者

美國的出版促銷管理公司 Bowker 日前公佈了一份很有意思的市場研究報告，其接受八家重要出版社的贊助，針對童書讀者在數位時代的閱讀習慣進行了調查。這項調查結果顯示，所謂「少年文學作品」的主要市場雖然是針對十二歲到十七歲的少年讀者，在所有購買此類作品的讀者之中，卻有高達百分之五十五的人已經年滿十八歲。特別是那些年齡在三十歲至四十四歲的成年讀者，足足買下了百分之二十八的少年文學作品！

讀者看到這裡可能會說，這有什麼好大驚小怪的？天底下的父母總想為自己的孩子選買最好的文學作品呀。事實不然：根據這項調查結果顯示，在那些購買少年文學作品的成年讀者之中，足足有百分之七十八的人其實是買書給自己看的！讀者不妨想像在美國的各個角落，有無數的成年人正拿著《哈利波特》(Harry Potter)、《暮光之城》(Twilight) 和《飢餓遊戲》(Hunger Games) 等作品，看得津津有味，廢寢忘食，神魂顛倒。這當然是一件好事，只不過，原本應該看這些文學作品的少年們本身，如果知道他們的各家長輩對這些作品萬般痴狂，甚至比少年人還要熱衷投入，不知道會不會翻翻白眼、聳聳肩呢。

這項調查的研究人員指出，他們當時之所以關注這個現象，主要是因為市場上的少年文學作品銷售量雖然大，真正讀電子書的少年讀者卻不多，他們因此感到好奇：這些書究竟都是誰在買、在讀？研究人員當然也考慮到，上述三套作品的轟動暢銷可能對成年讀者產生相當大的吸引力，但是他們的研究數據顯示，此一成年讀者熱愛少年文學作品的趨勢並非只是由這三套作品帶動，其後必定還有更重要的原因。

比方說，調查結果顯示，只有百分之三十的成年讀者看過《飢餓遊戲》這套書，其餘百分之七十的讀者列出了高達兩百二十多本的少年文學作品，都是他們衷心熱愛的對象。各大出版社因此而食指大動：在不

《為自己讀書》

久的將來還有哪些少年文學作品有吸引成年讀者的潛力？在出版和展銷一部少年文學作品的過程中，又應該如何照顧到成年讀者？一石二鳥，真可說是無窮的商機呢。

這項調查結果同時也展現出其他幾個有趣的現象。比方說，百分之四十的成年讀者選擇以電子書的形式閱讀少年文學作品，這和成年讀者一般喜歡以電子書形式閱讀懸疑和羅曼史兩類小說的比例均等。這也許說明了數位閱讀風潮的甚囂塵上，然而考慮到電子書閱讀的私密性，也許有相當比例的成年讀者會覺得在大庭廣眾之下，或在自己的孩子面前明目張膽地閱讀少年文學作品有些難為情，因此選擇閱讀電子書吧？

與此同時，百分之七十一的成年讀者宣稱，如果他們心儀的少年文學作品沒有電子版本，他們甚至會選擇購買紙本書。這些成年讀者買書的時候當然可以說是給孩子買的，但是這樣高的比足以顯示出他們對這些作品有多麼熱愛！此外，超過三分之二的成年讀者承認，他們是因為喜愛某位作家先前的作品，而選擇繼續購買並閱讀同一位作家的書。這不但展現出他們的閱讀習慣和品位，也顯示了他們對自己心儀的作家可以有多麼死忠！

最後，超過半數的成年讀者宣稱自己沒有興趣參加讀書會一類的活動，卻寧願透過社交媒體討論自己喜愛的少年文學作品，並和朋友互相推薦、分享好書。這一發現再度給出版界和文學界的所有人士帶來了希望：只要讀者肯付出時間和心力閱讀，作者和出版社就有希望。只要是好書，就值得所有讀者共享，不論種類，不計年齡。事實上，像上面提到過的三套少年文學作品，也許成年讀者更能從其中看出屬於他們自己那個年齡和心境的韻味呢。

——原載於 2012 年 11 月 21 日

《為自己讀書》

「世界閱讀日」和「世界閱讀夜」

感謝網友「日光小孩」的提醒，讓我們發現：原來四月二十三日是「世界閱讀日」，或者應該說是「世界閱讀及版權日」(World Book and Copyright Day)。為了慶祝這個由聯合國教科文組織 (UNESCO) 制定的國際性閱讀活動，台灣的「財團法人社區大學全國促進會」和「財團法人應雲崗先生紀念基金會」合作舉辦「瘋閱讀」徵文活動，詳情已經由「日光小孩」推廣介紹，也提供了相關網址給各界參考。有興趣的讀者請自行上網參與。

然而這卻讓我們對「世界閱讀日」產生了濃厚的興趣。根據「維基百科」(Wikipedia) 的介紹，原來這個日期最早是由西班牙的書商在 1923 年發起，目的在於紀念小說家、詩人和劇作家賽萬提斯 (Miguel de Cervantes Saavedra)，也就是號稱「文學史上的第一部現代小說」的《唐吉訶德傳》(Don Quijote de la Mancha) 的作者。在這一天，西班牙各界在慶祝活動中都會朗讀這本書，並頒贈著名的「賽萬提斯文學獎」(Miguel de Cevantes Prize)。

有趣的是，這一天也是著名的「聖喬治節」(St George Day)，從 1436 年以來，西班牙各界在慶祝的時候都會由男士們給自己心愛的淑女一朵玫瑰，女士們則會回敬一本書，相當於情人節的互贈禮物。能把情人節過成這樣有文藝氣質，也該歸功於西班牙的浪漫風情吧。

到了 1995 年，聯合國教科文組織正式把四月二十三日訂定為「世界閱讀日」，因為這一天是英國大文豪莎士比亞 (William Shakespeare) 的誕辰和忌日，也是秘魯作家加西拉索·德拉維加 (Garcilaso de la Vega) 和西班牙作家何西·布拉 (Josep Pla) 的忌日，更是法國作家摩里斯·德宏 (Maurice Druon)、哥倫比亞作家曼紐爾·梅希亞·巴列霍 (Manuel Mejia Vellejo) 和冰島作家哈爾多爾·基爾揚·拉克斯內斯 (Halldor Kiljan Laxness) 的生日。

《為自己讀書》

值得注意的是，在英國，「世界閱讀日」是在三月的第一個星期四慶祝的。1998 年，當時的英國首相湯尼‧布萊爾 (Tony Blair) 發起在這一天給英國所有的學生價值一英鎊的購書幣，讓他們用這種特製的代幣在任何一家書店買書，同時更在這一天出版一本特別的「世界閱讀日」作品選集，售價只要一英鎊。在那之後，英國每年在這一天都會舉辦各式各樣的閱讀活動，鼓勵閱讀的對象也從學生擴展到成年人。自 2007 年以來，英國在每年的「世界讀書日」都會出版五到十本售價只要一英鎊的書，2012 年更特別針對 iPhone 和 iPad 而推出了適合手機與平板電腦閱讀的短篇電子書應用軟體。

舉例來說，近年來在台灣童書出版市場中迅速竄紅的蘿倫‧柴爾德 (Lauren Child) 是「查理和蘿拉」(Charlie and Lola) 童書系列的作者和繪者，還有在台灣以《絲之屋》(House of Silk) 一書重新燃起「神探福爾摩斯」熱潮的安東尼‧赫洛維茲 (Anthony Horowitz)，這兩位英國作家在 2013 年都參與了「世界閱讀日」售價只有一英鎊的童書創作與出版活動。

不過，在慶祝「世界閱讀日」之餘，竟然還有所謂「世界閱讀夜」(World Book Night) 的活動！這和聯合國教科文組織所發起的國際性活動完全不一樣，卻同樣也鼓勵閱讀，而在組織和慶祝的相關活動上更具有草根性。這項活動是由英國的一群出版者首先於 2011 年發起的，由於上述的「世界閱讀日」主要鼓勵學童的閱讀，他們便決定把夜晚獻給成年人的閱讀活動。到目前為止，這項活動同時也在美國和德國舉行。每一年，由這個閱讀活動的主辦單位徵集兩萬個志工，每個人負責分送二十本書給周遭社群生活中不怎麼看書或沒有機會接觸書本的人！

在英國，「世界閱讀夜」的主辦單位首先邀請一群專業的圖書館員、書商、作家和媒體代表選出二十部優秀文學作品，然後廣泛徵求所有相關人士的合作——針對該年活動，作者同意放棄作品的版稅收入，出版社同意負擔每部作品多達兩萬五千本的印刷和運輸等相關費用，並額外出資贊助。接下來，主辦單位和一系列圖書館以及書店取得協議，由後者負責收集並分發出版社捐贈的書。

《為自己讀書》

　　在社會大眾方面，凡是有興趣加入志工的人都可以參與這項閱讀活動，把自己想分送的特定作品、分送對象和原因登記下來，以方便出版社計算該作品的印刷總數、印刷費用以及運輸細節。志工在「世界閱讀夜」的前一個星期到特定的書店或圖書館領書，並在書內的扉頁寫上自己的名字、書店或圖書館的名稱、以及相關的登記號碼，然後把二十本書分送出去。

　　這樣計算起來，每一年的「世界閱讀夜」至少有四十萬本書能被分送到社群的每一個角落！如果由主辦單位選擇的二十本書都能獲得分送，那麼它們的作者和出版社雖然一毛錢都拿不到，在宣傳和推廣方面卻能獲得極大的收益。最重要的是，這種由民眾積極、自主參與的活動能鼓勵一般人對於閱讀的熱愛和分享，那些平常不愛讀書或沒有機會讀書的人也能從中獲得啟發，更能提升社會整體的文藝風氣，凝聚社群向心力。每一個參與的志工都是一個「閱讀大使」(reading ambassador)，他們協助推廣的不只是閱讀的教育性，更包括了閱讀的樂趣。

　　如上所述，目前這個「世界閱讀夜」活動已經在英國、美國和德國舉辦。美國的相關網站特別提供一份文件，給其他國家有興趣舉辦類似活動的人士參考，文件中特別強調了集資籌款的重要性――不只是出版業、企業、信託基金、團體或個人的贊助，更包括了各界出版社和作者的支持，並且要有具備公信力的非營利團體出面承擔相關作業，針對一國的人口、地理分佈、市場大小和經費預算進行活動細節的評估，然後進行選書、印刷、運輸等過程，最後和書店、圖書館以及上萬名志工合作分發所有書籍。這是一項規模浩大的工程，但令人吃驚的是，只要社會整體願意配合鼓勵本土文學的發展和閱讀，要成功也不是一件難事，能造成的正面且長遠的影響更是巨大而難以磨滅的。

　　最後來說說英、美兩國在今 (2013) 年的「世界閱讀夜」所選出的好書。英國的文學作品一般而言不像美國作品那樣為台灣讀者所熟知，然而在今年選出的二十本書之中，諸如《戴珍珠耳環的少女》(The Girl with a Pearl Earring)、《皇家夜總會》(Casino Royale)、《穿越時空救簡愛》

(The Eyre Affair)、《我願意為妳朗讀》(The Reader)、《金銀島》(Treasure Island) 以及《堅強淑女偵探社》(The No.1 Ladies' Detective Agency) 等當代和經典作品卻還是赫赫有名的。

　　美國方面,因為人口較多而選了三十二本書,自然也以美國作家為主,卻有《戴珍珠耳環的少女》和《堅強淑女偵探社》兩本書和英國重覆,其他比較有名的作品則包括了《使女的故事》(The Handmaid's Tale)、《竊盜城市》(City of Thieves)、《華氏 451 度》(Fahrenheit 451)、《我的安東妮亞》(My Antonia)、《牧羊少年奇幻之旅》(The Alchemist)、《花語》(The Language of Flowers)、《我想念我自己》(Still Alice)、《魔球》(Moneyball)、《溫柔酒吧》(The Tender Bar) 以及《神火之賊》(The Lightning Thief) 等當代和經典作品。

　　　　　　　　　　　　　　　　——原載於 2013 年 5 月 14 日

世界詩歌日

　　三月二十一日是「世界詩歌日」(World Poetry Day)，這是聯合國教科學文組織 (United Nations Educational, Scientific and Cultural Organization, or UNESCO) 於 1999 年訂定的，主旨在於提倡全世界對於詩歌的閱讀、創作、出版和教學，並鼓勵全國性、地區性和國際性的詩歌運動。

　　根據「維基百科」的介紹，有些國家選在每年的十月十五日慶祝他們自己的詩歌日，這一天是古羅馬著名詩人維吉爾 (Virgil) 的生日，其詩作被譽為羅馬帝國文學的最高成就，他也被羅馬人奉為國民詩人。在當代的英國，詩歌日其實是十月的第一個星期四。此外，在美國和加拿大，四月則是全國性的詩歌月。華人世界普遍慶祝詩人節，也就是端午節。

　　聯合國教科文組織有一個「全球詩歌」網站，主題是創意、尊嚴、對話和全球公民 (Creativity, Dignity, Dialogue, Global Citizenship)，平時也鼓勵全世界的作家對於詩歌的創作和分享。這個網站是旅居英國的一位印度詩人發起的，於 2000 年正式成立。網站在介紹頁如此陳述：「如果詩歌能紮根於對於人類尊嚴、平等和無限潛力的信念，並積極用於賦予人們力量，那麼其便能成為一項創造和平的主力。如果心靈的力量能不害怕去想像和相信，一旦配合行動，便不是任何人所能控制或限定的。」

　　在今年的世界詩歌日，聯合國教科文組織的執行長艾瑞娜・柏可娃 (Irina Bokova) 發表了一篇極有意義而優美的談話，刊登在這個網站上。談話強調，「詩歌是語言自由最純粹的表達形式之一，其是各民族自我認同的一部份，更集結了各個文化的創意能量，因為其能不斷更新」。

　　談話進一步強調，我們慶祝世界詩歌日，目的在於「提倡詩歌所傳達的價值，因為詩歌是一段旅程，不是在夢幻世界中遨遊，而是最接近個人感情、理想和希望的一種歷程。詩歌讓人們的夢想成形，用最強烈的字句表達出他們的靈性——詩歌讓我們奮起而改變世界」。透過對於全世界詩人的支持，以及對於詩歌的出版、翻譯、印刷和傳播等行為的

提倡，我們都能「保護文化表達行為的多元性」，「讓這個世界更豐富，並在人類心中建立起對於和平的捍衛」。

有鑑於此，我們也想透過一首詩來慶祝世界詩歌日。願文字的魔力長留人心，為代代的世界公民開創並捍衛一個自由想像的天地。

〈朋友〉(Friends)
——美國童書作家及繪者 K.C. 雷明頓 (K.C. Remington)

如果你認為事情會出錯，它就必定會如此，
你會發現自己老是在辛苦地爬上坡。
然而你如果決定保持樂觀，
你面前的風景也會截然不同，
你不會老是絆跤摔倒，
或發現聖誕節收到的禮物只是一塊煤炭。
當然你前面還是會有路障，
它們只是生命這個學校中的常見事物。
別以為你能仰賴魔法解決問題，
否則你很快就會看見問題接二連三地發生；
盲目祝願萬事順利也不會有用，
你的眼睛可能會就此再也睜不開來！
你應該給自己建立更堅強的原則。
去店裡給自己買一頂新帽子，
因為你如果一味遊手好閒，四處晃蕩，
到最後只會給自己帶來難堪的沉默。
別回顧過去的那些悲傷失望，
最好把時間花在新的前進行動上。
如果你認為在世界上有一個朋友還不夠，
事情也會就此變得艱難。

《為自己讀書》

朋友就像一雙舊鞋,
萬一弄丟了便會苦不堪言,
他們可以有各種形狀和尺寸,
最好的朋友也總是會帶來驚喜,
他們讓你的心靈力量加倍,
更讓你學到許多新東西。
你總有需要別人扶一把的時候,
朋友能擴展你的心胸,
最好的朋友甚至會愛你,
你可以把這句話存進銀行,因為這是真理。
如果你想推開一扇門,
門卻不開,你也不用生氣咒罵,
朋友能助你一臂之力,
就算是不在門的那一邊施壓也好。
有些事情就是沒有辦法解決,
你最好現在就認清這一點,
推不開的門就像路障一樣多,
事實上,就像鐘錶無休止的滴答聲那樣多。
那麼你在路上碰到一條牛擋路的時候該怎麼辦?
按喇叭呀!把牠趕回路邊去,
如果牠沒有家,乾脆就收養牠,
你和牠一路上都會滿面笑容。
如果一隻蜻蜓落在你手指尖,
給牠一點時間,讓牠好好逗留。
好朋友讓雙方都能快樂,
在他們心中也能永遠歡悅,
這種組合沒有什麼好奇怪的,
就像美酒,它需要時間才能醞釀顯現。

《為自己讀書》

就像我一開始就說過的，
樂觀的態度能讓你成為贏家。
別像兔子那樣躲在黑暗的地洞裡，
別像松鼠那樣貪得無厭，
別像鵜鶘那樣一路在海面上漂蕩。
現在就微笑吧，大聲說：
「嘿，全世界！我來了！」

後記：K.C. 雷明頓是我的好朋友，儘管我們從未見過面，我卻因為翻譯、出版並推廣他的「瑋瑋和寇寇」童書系列 (Webbster & Button Children's Stories) 為中文電子書和紙本書而和他神交已久。他是極富童心和熱情的一個老兵，經常鼓勵我，為我的出版事業加油、打氣，電子郵件的文字總是壯觀無比而色彩鮮豔，讓人看了不由得心情振奮。後來有一陣子，我沒有他的消息，因為忙而沒有多在意。直到有一天，我收到一封陌生人的來信，說是 K.C. 某天於睡夢中去世了，因為無親無故，所以委託社區律師處理其產業，包括一系列童書的中文版權等等。在那之後，我悵然若失了好久好久。

請千萬要珍惜你的好朋友，經常保持聯絡，就算只有隻言片語，也總比沒有要強。俗話雖然說，「夕陽無限好，只是近黃昏」，卻請不要到了傍晚才去嘆息黑夜的來臨。天光的一分一秒都值得我們好好把握。

——原載於 2013 年 3 月 28 日

《為自己讀書》

美國的「全國寫小說月」

最近在網路上找資料,無意間碰到一個很有趣的網站,提倡各界作者在每年的十一月創作出一部五萬字的小說出來,稱之為「全國寫小說月」(National Novel Writing Month, or NaNoWriMo)。

這個活動最初是在1999年七月於美國的舊金山灣區發起的,剛開始只有二十一位作家加入,一心想透過彼此激勵討論的過程而努力創作。當時他們寫得很開心,儘管創作出來的不一定都是曠世巨作,在過程中也不免碰到作家們所有的各種困難——碰到瓶頸寫不出來啦,覺得自己寫得不夠好啦,覺得作品草率無章而感到難為情啦,寫得心煩意亂而只想從此擱筆啦,等等。但是在事後回想起來,這群作家還是覺得這是一個很好玩的活動,原來「寫小說就像看電視,找一群朋友來,喝上幾桶咖啡,吃下許多垃圾食物,然後瞪著一個發光的螢幕看上許多小時」,一個故事就這樣產生了。

這是一種兼具聊天、玩樂、開派對、而又能充份激發文學創造力的活動,有些作家也開玩笑地承認,他們的電腦鍵盤上灑滿了酒食殘渣。到了第二年,這群作家找人建立了網站,足以讓數百人共同透過網路參與各種創作和討論的活動,他們更進一步把創作期間改到十一月,因為北美洲的十一月天氣實在不怎麼好,待在家裡寫作便成為一種享受。那一年,參與這個活動的作家增加到一百四十人,不但擴展到美國全國各地,更有來自加拿大的寫手。

隨著越來越多人的加入,各種關於小說創作的問題也接踵而來,許多人有心創作,卻不知道應該從何下手,更不用說是參考各種技巧和規範了。也許有人會說:想寫,動手寫就是啦,創作哪裡需要任何技巧和規範?然而真正創作過的人都知道,如果沒有細節上的要求或底線,更沒有任何截止期限,那麼作家很難專注心神,努力工作,更無法自律,逼迫自己追求更高也更完美的創作境界。

《為自己讀書》

　　於是這個活動的一系列規則便產生了：你必須從頭寫起，不能用已經創作或寫到一半的作品，更必須寫出真正的故事，而不是同一個字重覆五萬次；你必須自己動手，不能和別人一起創作；你寫的必須是小說，而不是漫畫或劇本；最重要的是，你必須算好時間，在十一月三十日午夜之前把五萬字的小說成果用電子郵件上傳到這個活動的官方網站，以便於進行字數統計。這樣做的結果便是大家蓬蓬勃勃地展開各種網路討論，彼此加油打氣，開玩笑，更提出一系列和創作有關的建議。那年的一百四十人中，有二十一位作家確實在一個月中完成了五萬字的小說作品。當然不用說，寫完之後更要大肆慶祝一番。

　　到了第三年，「全國寫小說月」吸引了五千人參加，感謝各種網路論壇和部落格的散佈消息，這個活動如滾雪球般越變越大，幅員越拓越廣，也開始吸引各界媒體的注意。《洛杉磯時報》(The Los Angeles Times) 首先報導了這個活動，連小小的官方網站也不勝負荷，而必須搬家，建立網路論壇的各種分支，並且將網站全面自動化，因為想登記參與的人實在太多了。

　　到了第四年，「全國寫小說月」有一萬四千人參與，各家電視和廣播也廣泛報導這個活動，連英國國家廣播電台 (BBC) 也在半夜打越洋電話採訪。美國各地開始成立相關的小型組織，讓有興趣創作的各界人士可以真正會面討論，而不只是在網路上交談。官方網站透過販賣如貼紙、鉛筆、T恤等小型物件籌募運作基金，願意捐款贊助的人也逐漸增加。

　　第五年，也就是 2003 年，參與「全國寫小說月」的人數高達兩萬五千，這個數字在 2004 年增加到四萬兩千人，到了 2006 年增加到八萬人，至 2007 年則突破十萬人的大關。這些年以來，主辦單位成立了正式的辦公室，雇用了專業的行政、會計、推廣、編輯等人員進行全職工作，舉辦了許多募款活動，成立了專門鼓勵年輕作家而不限創作字數的相關網站 (Young Writers Program)，更把「全國寫小說月」推廣到許多公私立機關團體和學校，不只是在美國境內，也包括了巴基斯坦、印度尼西亞、乃至於瑞典等國家。

《為自己讀書》

去 (2011) 年，這個活動一共有來自世界各地的二十五萬六千六百一十八人參加，其中有將近三萬七千人成功地在一個月中寫出了一部五萬或更多字的小說。參與的年輕作家（十七歲或以下）也有五萬人之多。

把時間拉至今日，「全國寫小說月」在全世界有超過五百個分支機構，今 (2012) 年估計有超過三十萬人參與，經過確實登記且統計的創作字數更高達三十二億！這個真實故事提醒我們，只要有熱情，持之以恆，幾個人一起合作也可以成大事。更重要的是，只要想創作，就會有管道，縱使每天只寫一千七百字，一個月下來也可以是精彩的一部五萬字的小說！

後記：寫完這篇文章不久，又在網路上看到「全國寫小說月」的姐妹網站，也就是 2009 年正式成立的「全國寫非小說月」(National Non-Fiction Writing Month, or NaNonFiWriMo)。更有趣的是，所有那些寫完小說或寫到一半卻不知道怎麼辦的人，到了第二年三月，把作品整理妥當後，還可以參與「全國編輯小說月」(National Novel Editing Month, or NaNoEdMo) 的活動，於當月花五十個小時來編輯自己的作品！

——原載於 2012 年 12 月 16 日

《為自己讀書》

兩本書的迷思

最近轟動全台灣、甚至整個華人世界的一則文化消息，便是所謂的「台灣人一年只讀兩本書」，不但引起國內外各界的新聞媒體爭相報導，更引出了許多學者專家和出版界人士的議論與評析。比較各家言論，多少可以感知到許多有心人對於台灣這個閱讀環境的看法，他們的觀察不是蓋棺論定式的斷言，而是長期且持續性的期許。

由於這一則文化消息在網路上已經有太多轉載，追本溯源，還是要回到文化部於三月二十一日在行政院會議上的「台灣出版產業發展策略」報告。行政院當日的「即時新聞」指出，「文化部表示，據分析，目前出版產業面臨國人閱讀風氣及買書意願低落，國人每年平均閱讀兩本書，遠低於日、韓；外銷市場以華文地區為主；版權輸入高於輸出，年度暢銷排名有四成以上為翻譯作品；數位出版的產值成長率不高，出版業者無出版電子書意願等困境」。

同樣在二十一日，文化部本身也有新聞稿，經過中央社轉載，成為許多中外媒體全文引用的對象。文化部的新聞稿沒有提到「台灣人一年只讀兩本書」，卻引用了其他數據，例如「台灣民眾愛讀的書早已被翻譯作品取代，2011 年連鎖書店的暢銷榜高達八成是翻譯書，而台灣圖書版權輸入是版權輸出的 4.8 倍」，以及「台灣 368 個鄉鎮中，有超過 200 個鄉鎮沒有書店」。

與此同時，文化部的新聞稿也指出，海外華文市場一直是台灣出版業的重要標的，從圖書出口數據來看，「星馬地區應有雙倍成長的潛力」，「至於中國大陸僅佔整體出口值的 6.2%，主因是受限於大陸的圖書進口審批制度，再加上大陸關稅高達 10% 至 18%，導致書價偏高，市場拓展不易」。這兩段文字引用的數據，就是文化部官方就「台灣出版產業發展策略」報告一事所公開提供的所有統計資訊了。

官方在公佈政策、新聞或公告時當然會有一定的取捨標準，因此行

政院和文化部的新聞內容顯然有不同的強調重點,例如翻譯作品到底在暢銷排行榜上佔多少比重的認知有所差異,想來也是情有可原。有趣的是,官方的言論發佈必須透過媒體報導才能廣為人知,而各家媒體或出於專業訓練,或有意出奇制勝,或致力誇大渲染,對於同樣的官方言論往往會在報導時採取不同的角度切入,添加各種引人注意的標題,並且做出各種五花八門的分析和結論。

於是,讀者在看得眼花撩亂之餘,如果因此而對官方發佈的政策、新聞或公告有所反應,往往都是受到媒體報導的影響,或積極正面地配合參與,或消極負面地批評辱罵。在「台灣人一年只讀兩本書」這件事上,讀者在看過行政院和文化部本身的新聞稿之後,就知道所謂「台灣閱讀風氣差」和「台灣人不愛閱讀」等句子,其實是媒體在報導時做出的結論,行政院固然指出「國人閱讀風氣及買書意願低落」的事實,在批判意味上卻沒有媒體那樣濃厚。

話雖然這樣說,大量閱讀並比較媒體報導確實有其好處,因為有水準的媒體往往會摘要報導官方在公佈政策、新聞或公告時沒有機會或意願全盤公開的細節,更進行深入的探討和剖析,讓讀者接觸到各種相關資訊,對於整件事能有全盤而客觀的了解。例如《聯合報》電子版在三月二十二日的〈台灣人年讀兩本書,遠遜南韓的十冊〉報導中透露,文化部的報告指出,「台灣每人每年平均閱讀兩本書,遠落後法國、南韓的 10 本,新加坡的 9.2 本,日本的 8.4 本;民國一百年 (2011) 出版產業雖外銷增加,但內銷卻少 5.6 %,致年度營業額較前一年度減少 5.4%,即四十四億元」,就是相當珍貴的資訊。

與此同時,《自由時報》電子版同樣於三月二十二日的〈台灣人不愛閱讀,每人每年只看兩本書〉報導中指出南韓每人每年平均閱讀的書籍數量是 10.8 本,也是很好的細節。這篇報導進一步引用「圖書出版產業每兩年進行一次的調查報告」指出,「九十九年 (2010) 國人每週看書 4.7 小時,每天看 40.3 分鐘;一年內未購書者佔 47.5%,其中有 35.1% 表示沒興趣看書;每人每年購書金額為 1,536 元,佔台灣國民平均所得

0.29%」。這些數據,對出版業人士和各界愛好、關切台灣文學環境的作者、論者和讀者都有極大的幫助。

　　然後就是《中國時報》電子版同樣於三月二十二日刊出的〈出版界質疑:只是閱讀形式變了吧?〉一文,介紹了出版界本身對於「台灣人一年只讀兩本書」這件事的看法。報導首先引用印刻出版社總編輯初安民的意見,認為這個說法和數據必須先釐清,「國人一年究竟是讀兩本書,還是買兩本書?」報導隨即問,台灣人究竟喜歡讀什麼書?在了解博客來網路書店和金石堂書店去年的年度排行榜趨勢之後,並引用博客來年度報告指出,「去年的圖書消費市場,生活實用、理財及心靈類叢書依然佔大宗,輕小說市場則不斷成長」。

　　有趣的是,媒體在報導中引用專家學者和業界人士的意見,一方面可以展現權威性和深度性,一方面卻也透露出這些人士本身的主觀或客觀意見。更進一步而言,由於媒體無法在報導中完全引用這些專家學者和業界人士的意見,而必須斷章取義,因此讀者在看這些引用意見時往往也可以感受到媒體本身的正面或負面立場。

　　比方說上述《中國時報》電子版的報導引用了初安民先生的意見,認為很多人還是會到圖書館借書讀書,「台灣人並非不讀書,而是偏重具有實用功能的書,反而少讀文學書」,然後突然冒出來一句:「文學書可以讓人比較深刻一點,難道台灣非得這麼膚淺嗎?」這句話本身有相當大的爭議性,想來初先生確實也說過,但是《中國時報》電子版在報導時單獨成段引用,就展現出相當的重視性,其用意可以是肯定,也可以是挑釁,更能夠引起讀者的注意。

　　這篇報導進一步轉述初先生的看法,認為「台灣的讀者偏重實用性,市面上教人如何賺錢、變得更美的書一直受到歡迎,文學書在夾縫中生存,的確很辛苦」。報導緊接著直接引用初先生的話:「政府當然有責任帶頭鼓勵閱讀,不管用任何方式。但業者也沒悲觀的權利,還是得持續為讀者選好書、出好書」。這段文字平鋪直敘,給人的感覺是報導本身肯定並推薦初先生的在這方面的看法。

《為自己讀書》

　　同一篇報導也引用了新經典出版社總編輯葉美瑤女士的觀察,「網路的確瓜分掉很多看書的時間,人們甚至透過網路看電影、電視,也可以用來讀書」。報導進一步轉述葉女士的意見,認為「其實台灣人急於了解新知,只是隨著網路的興起,有了更多的選擇,透過網路,讀者能讀到的文學作品也許更多元,不一定非得買一本來讀。反觀健康類、財經類等實用書籍,需要有出版社及專家來把關,讀者仍依賴紙本」。報導最後單獨成段轉述葉女士的意見,並引為結論,「這並非表示人類一去不回頭的路,從此就不讀書了,只是閱讀的形式改變」,同樣展現出肯定並推薦此一看法的態度。

　　在此值得各界讀者和論者注意的是,對於「台灣人一年只看兩本書」這件事,除了官方說法和媒體報導之外,更多的是讀者和論者本身的看法,而這些看法又往往能以專業、公平、客觀的態度在網路上呈現,讓有心深入了解這件事的人受益匪淺。例如網友「居隱」就於三月二十二日旁徵博引,列出一系列精彩的網路文章,值得大家仔細斟酌。這些文章包括出版業前輩陳穎青(老貓)先生的〈出版產業調查還有意義嗎?〉,出版界前輩王乾任的〈誰說台灣人不讀書不買書〉、〈台灣出版產業的問題,真是出在讀者不買書嗎〉和〈培植本土作家之我見〉,以及「居隱」本身的〈閱讀不用錢,文字工作者怎麼辦?〉等等。

　　綜觀以上列出的所有官方新聞稿、媒體報導、以及各界專家學者、出版界人士、讀者和論者的看法,以及更多的網路回應,我們可以歸納出一個結論,除了疑問之外也有建議性的批評。

　　首先,所謂「台灣人一年只讀兩本書」的說法來自於文化部在行政院會議上提出的「台灣出版產業發展策略」報告,卻不知這份報告對於「閱讀」的定義為何?統計如何進行,由誰進行,樣本數目為何,誤差單位大小如何,相關數據如何計算,結論又如何產生?如果不同時提出這些說明,卻只公開聳動性的簡單結論,則有失客觀公平,更沒有權威性和公正力,而只會受到質疑。

　　尤有甚者,如果官方在這方面的觀念模糊,對於「出版產業」和「閱

《為自己讀書》

讀行為」的定義太過狹隘，則要求「發展策略」的制定和執行也自然會有困難。例如行政院的即時新聞指出，文化部為了因應目前出版產業面臨的問題，「提出『推動出版國際化』、『促進出版數位化』、『擴大華文市場』、『創造國內需求』、『獎勵出版及培育人才』、『強化產業諮詢及資訊整合』等推動策略，藉由辦理國際版權輸出計畫、強化國際書展參展能量，補助業者製作電子書，扶持獨立書店、培養閱讀人口等措施，以輔導出版產業轉型、拓展國際市場、促進文化交流」。如果文化部真的有心這樣做，各界想必也樂觀其成，更願意積極盡力支持，但是如果文化部對於「出版產業」和「閱讀行為」的認知模糊或根本有誤，則因此而制定的作業標準和程序自然也會有問題，則實際能達成的效果質量究竟有多少，也令人質疑。

進一步而言，如果各界媒體報導、專家學者、出版界人士、讀者和論者都同意「在圖書館借書」和「在網路上讀書」也算是閱讀，因而要求行政院和文化部釐清觀念，仔細說明，那麼我們能不能說，出版界本身對於「文學」的定義也有待探討？所謂「文學書可以讓人深刻一點，難道台灣非得這麼膚淺嗎？」的說法是否值得顛覆？所謂的「教人如何賺錢、變得更美」的「實用性書籍」是否就不值得閱讀？從另外一個角度來看，健康類、財經類書籍「需要有出版社及專家來把關」，是否就完全不能擺脫紙本的出版和閱讀形式？既然「台灣人急於了解新知」，同時「透過網路，讀者能讀到的文學作品也許更多元，不一定非得買一本來讀」，那麼隨著「閱讀的形式改變」，「扶持獨立書店」的政策是否還有意義？

這些都是大哉問，卻並非不能提出。我們在此期盼行政院和文化部在提出各種相關願景的時候也能落實力行詳細的政策，更期許各界媒體報導、專家學者、出版界人士、讀者和論者都能協助推動閱讀風氣，「不管用任何方式」。贊成初安民先生的話：我們不管是誰，都沒有「悲觀的權利」。

——原載於 2013 年 3 月 26 日

也聽〈煙花易冷〉

　　最近瘋狂迷上的一首歌便是〈煙花易冷〉，每天至少要聽一遍才甘心。總是癡迷於那種古典詩詞中的意境，而《洛陽伽藍記》這部古書能因為這首歌而再度獲得今人注意，更是難得。

　　愛情故事穿越生死古今，歷久不衰，不管是愛過或失落過的人都有一種永遠的憧憬，正如同電影《紅磨坊》(Moulin Rouge) 裡的那句至理名言：一個人所能學到的最重要的事便是去愛，同時也被對方所愛。

　　〈煙花易冷〉有兩個著名的版本，受到各界不同的偏愛，也總是議論紛紛。照理說作曲的人最能體會歌中的意境，表達也應該最真切，但是闡釋的人往往又能別出心裁，開創出另一個完全不同的新局。這兩者實在難以比較，即便有所偏好，大概也會因為害怕被罵而不敢公開出口吧？音樂到底是屬於私人還是眾生呢？

　　還有那隨著音樂糾纏人心的影像，可以和歌詞毫不相關，可以只是舞台聲光儷影的組合，但是如果真的缺了影像，只怕音樂也會單薄吧？一個版本的影像訴說著淒美動人的愛相聚、傷別離、恨難分，另一個影像卻又單純到感人的地步。這方面的比較反而少了。

　　至於一首歌能不能帶來文化的入侵，國本會不會隨之動搖，那就更是見仁見智了。文化本身就不是、也不能是孤立的，如果能「見賢思齊，見不賢，內自省也」，那麼文化交流便是一種好事。如果自己先心虛示弱，把所有外來文化都看成壓倒性的侵略，那麼歌聲的善意美景也會隨之抹滅。

　　有趣的是，在我喜歡的那個版本中，歌手多年前就喜歡發錯字音，現在還是沒有變。聽著刻意的字正腔圓，想來也是感動人心的許多因素之一，然而比較起慣聽的本地口音，感覺倒是生疏了。我們在不同的群體中總是會有意識或無意識地模仿他人，希望被接受、被認可，口音就是一個很好的例子。我自己的體驗是，不管怎麼樣嘗試，明眼人（或謂

《為自己讀書》

明耳人）立刻就知分曉，造成的只是尷尬和貽笑大方了。
　　感謝作詞作曲者，只為這首好歌。

——原載於 2013 年 4 月 18 日

《為自己讀書》

悼念理察・曼瑟森:我的《似曾相識》

今天早上在網路上看到美國科幻小說大師理察・曼瑟森 (Richard Matheson) 過世的消息,不禁呆了半晌。他不是一位我很熟悉的作家,卻有多部作品改編成膾炙人口的電影,因而讓包括我在內的許多讀者從影像轉而追求文字的絕美,進一步體會到他的文學特色。

台灣讀者或許最熟悉曼瑟森的《似曾相識》(Somewhere in Time,1980 年)和《我是傳奇》(I Am Legend,2007 年)兩部電影,然而他的作品也被改編成 1957 年的電影《持續縮小的人》(The Incredible Shrinking Man)、1980 年的電影《陰陽魔界》(Twilight Zone: The Movie) 的第四部份〈高空兩萬呎驚魂記〉(Nightmare at 20,000 Feet)、1998 年的電影《美夢成真》(What Dreams May Come)、2009 年的電影《百萬殺人實驗》(The Box)、當然還有大導演史蒂芬・史匹柏 (Steven Spielberg) 於 1971 年拍成的首部電影《對決》(Duel)。

在創作方面,著名作家史蒂芬・金 (Stephen King) 和安・萊絲 (Anne Rice) 都對曼瑟森推崇備至,以拍攝 1968 年僵屍電影《活死人之夜》(Night of the Living Dead) 而出名的導演喬治・羅曼諾 (George A. Romero) 也以他為偶像。

我經常覺得,一位作家如果能夠寫出一部,只要一部,足以流芳百世而影響人心的作品,讓人許多年之後還能津津樂道,點頭回味,那就算是了不起了。比方說,我去年買的《似曾相識》原著小說至今還放在書架上,未能拜讀,但是十五歲那年看的電影版本,至今卻依然印象深刻。

在那自以為成熟卻依然青澀無比的年歲裡,我和三位好友在其中一人的家中熬夜看《似曾相識》,然後通宵閒聊,實在很過癮。那時剛結束高中聯考,心情在輕鬆自在之餘又不免有些牽腸掛肚,不知道自己的未來會轉到哪一個方向,對於電影中那種迴腸盪氣、生死與共的戀情,

自然也覺得心有戚戚焉。

朋友家的格局是兩棟公寓頂層打通，中間有一條長長的走道相連，走道兩端都是門，門上有玻璃窗可供裡外探看。到了早上五點左右，我們都有點頭暈眼花了，我記得自己起身尋找什麼東西，也許是廁所，也許是早餐，卻不經意地在門上的玻璃窗裡「看見了自己」，連忙大驚小怪地回去向朋友們報告。

那時的我們都愛看科幻小說，而倪匡的《連鎖》也是我很喜歡的作品之一。這本書引申了「願望猴神」的故事，任何人想要得到三個願望，都必須在猴神的安排之下「看看自己」，也就是他們內在最真切的本性，於是善良親切的家庭主婦發現自己竟然冷酷無情，心狠手辣的職業殺手其實只是個懦弱的膽小鬼，連神通廣大、交遊廣闊、樂觀進取、沒事就和外星人談笑風生的主角衛斯理，原來也只是一個孤獨無助到極點的可憐人。

所以我在那凌晨五點的黑暗中，在玻璃窗上看見自己的反影，不免以為我也看見了自己：那個版本的我站在門後的走廊上，就這樣回看著我，她看起來靜默無比，臉上沒有表情，不知道是鎮定還是無知，是嘲弄還是悲憫。那時心中感覺到的震撼很難用文字描述出來，總之是一種完全而冷靜的警醒，沒有害怕，彷彿只有一種不算是後悔的領悟：原來我竟然是這副模樣。

事到如今也過了二十多年，我依然記得那種「看見自己」的感覺，每次看見電影〈似曾相識〉的海報或劇情，或是聽見那首優雅至極而又動人心絃的主題曲，總是會想到這次經驗。那是讓我印象最深刻的一部珍·西摩爾 (Jane Seymour) 的電影，飾演男主角的克里斯多佛·里夫 (Christopher Reeve) 在我心中也永遠是那樣有些羞澀的表情，眼中彷彿閃著某種光芒，一心一意要穿越時間，回到過去追尋那生死不渝的戀人，比他後來的「超人」角色優秀多了。

曼瑟森曾經說過，《似曾相識》和《美夢成真》是他自認為寫得最好的兩部小說，前者描述了愛情足以穿越時間，後者卻寫出愛情足以超

越死亡。其實一位好作家、一部好作品也足以讓人愛得痴狂吧,縱然時間流逝,縱然世代流傳,對於文學的愛好終究不會消失,則讀者幸甚,作品幸甚,作家幸甚。

謹以此文悼念曼瑟森。

——原載於 2013 年 6 月 26 日

《為自己讀書》

如何支持你喜歡的作家

　　作家需要支持，任何人也都可以支持自己喜歡的作家。以《暗算》、《風聲》、《解密》等作品聞名的中國作家麥家最近在華文文壇帶動佳話風潮，主要是因為他以一己之力開張了所謂的「文學理想谷」，這是一家只看書、不賣書、免費提供咖啡茶水等飲品的公益性綜合書吧，共有一萬餘冊人文史類經典書籍，更是一個文學寫作營，每年邀請八到十二名文學新人入住，培養他們的寫作才能，協助他們在兩個月的時間之內無須擔心生計，專心實現自己的文學創作計畫。

　　我們一般人當然沒有這樣的才幹和能力這樣大規模地支持作家，但是只要從一本書開始，我們也能為自己喜歡的作家助一臂之力。當前的一本書可能比一個便當還要便宜，區區一餐飯菜的價錢，卻能對作家造成長久而無限的鼓舞，在有形和無形方面同時進行贊助，何樂而不為？

　　在此提供一些建議，讓有心的讀者也能支持自己喜歡的作家：

　　一、買一本作家的書：這是支持作家最直接也最有效的管道，特別是買原裝新書，而不是二手書或盜版書。每一本書的銷售都能協助作家獲得更多的版權收入，而如果可能的話，你甚至可以購買預售書，這能讓出版社明白哪一本書受歡迎，對作家自然也會更照顧。

　　二、買一本作家的書送人：不管是生日、情人節、耶誕節或新年，或是其他的特殊場合，你都可以買一本自己喜愛的書和親朋好友分享。如果可能的話，你甚至可以參加簽書會，讓作家為你想送書的對象簽名贈言，即便是最愛打麻將而怕「書」的人，得到這樣一本個人化的獨特好禮也會高興萬分。

　　三、協助書店選書：這並不是說，你在逛書店的時候必須大張旗鼓地幫店員把各種書籍上架或重新排列。這個建議的用意在於增加作品的見光率。如果你在書店看見自己喜歡的好書，不妨把書的封面改朝大眾展示，讓其他人都能注意到這部作品，而不只是千萬個書背之中的一個

渺小的存在。

　　四、挑場合讀書：挑一個公眾場合讀自己喜歡的書，讓大家都知道這本書的存在。不管是乘坐飛機、捷運、火車一類的大眾運輸設施（特別是靠走道的座位），還是在醫院裡等著看醫生，都不妨驕傲地舉起自己手裡的書。畢竟，你自己在公眾場合不也會注意別人在看什麼書？

　　五、在書店故意找書：就算你知道自己喜歡的書陳列在書店的哪個角落，也要刻意請教店員，讓他們透過電腦查詢，然後實際帶你到這本書存放的位置。只要有足夠的人詢問同一本書，就能引起店員的注意和關切，也許他們自己也會開始讀這本書，甚至將之放到「特別推薦」的書架上，或是向其他顧客推薦。

　　六、在網路書店上撰寫書評：許多人在買書的時候還是會注意相關書評，當前的各大網路書店也都有讓讀者提供書評的機制，因此你可以把同一篇書評登在不同的網站上，一箭數鵰。在這裡的重點是，書評必須是誠實的剖析，而不是單純地說好話。對於每一本新書而言，最初的十到二十篇書評是非常重要的。

　　七、給好書按「讚」：如果你喜歡的作家或作品有「臉書」或經營其他的社交媒體，不妨花幾分鐘的時間移駕過去按個「讚」，也邀請你的親朋好友一起出力。社交媒體的功能當然是促進社交，大家閒話家常，議論紛紛，口耳相傳，就能幫忙把作家和作品的名聲散播出去。

　　八、在圖書館借閱或預訂好書：如果你是圖書館的常客，可以依照上述接觸書店的方式，向圖書館員請教一本好書的位置，要求借閱，甚至在這本書出版之前就要求圖書館訂購。只要有足夠的人要求借閱或預訂同一本書，圖書館的作業系統和館員就必定會注意到這本書的價值，進而予以推薦。

　　九、參加新書發表會：如果作家召開新書發表會，你在自己參加之餘，不妨也帶一兩個朋友去。這不一定能實際對作家產生幫助（因為你的朋友不一定會買你喜歡的書），對作家的自尊心卻會有很大的鼓舞。世界上再也沒有比一場「冷冷清清」的簽書會更能讓作家感到「悽悽慘

慘戚戚」了。如果你在簽書會之前或期間買了一本書，就絕對要請作家簽名。

十、自己推廣好書：如果你也是各種社交媒體的常客，甚至有自己的網站或部落格，不妨協助作家推薦好書。這種推薦不只是一句「我最近買了這本書」而已，而是多寫幾句話，介紹這本書為什麼好，又適合什麼樣的讀者，甚至花一點時間為作家寫些誠實的讚美之詞。你也可以邀請自己的讀者一起討論這本書，同時為自己的社交媒體增加瀏覽率。

十一、找名人幫忙：如果你正好認識媒體工作者或是某個名人，不妨請對方幫忙推薦一本好書，這是對作家最實際的一種幫助，居間的聯繫和協調最終也會對你自己產生益處，因為作家會心存感激，幫忙你的媒體工作者或名人也知道你對好書很有一套。在這裡的重點是，不要死皮賴臉、活纏爛打地一定要對方幫忙，而是實際指出這本好書可以給對方帶來的益處。你可以自己做研究，看看這本書的出版社做過哪些公關推廣，又有哪些其他的名人讀過或推薦過這本書，只要是真正的好作品，對方就會知道如何「附驥尾」，反過來透過對於好書的推薦而提升自己的名聲。

支持作家是一件很容易的事，錢可以花到最少，在時間上也耽擱不了你幾分鐘。對於作家的支持就是對於文學界和出版界的支持，也是對讀者自己的支持。有作家才有好書，讀者才有機會多讀好作品，我們的書香社會也能有建立的機會。

——原載於 2013 年 11 月 18 日

《為自己讀書》

你寫的是哪種書評?

　　網路時代促進了書籍的流通、推廣和購買,而隨著網路使用人口的暴增,我們也經常看見愛書的讀者在網路上分享自己的讀書心得,如果言之成理,廣受好評,也能反過來捧紅一本書。

　　其實大部份讀者寫的也就是讀書心得或讀後感,真正能稱之為「書評」的作品非常少。一篇好的書評不但能幫助有興趣的讀者進一步了解一本書,更能用客觀而合理的文句吸引那些原本沒有興趣的讀者的注意,導引他們反思自己讀書的態度,進而培養讀書的品味。好的書評多半都有優美通暢的文句,本身就是一篇引人入勝的創作,其不必滿篇都是評家的「我,我,我」,卻能讓人一目了然評家本身的文學修養和深刻。

　　特別是在網路時代,書評的地位更為重要。澳洲書評家凱芮・葛絲沃西 (Kerryn Goldsworthy) 曾經指出,文學界中有四種書評,分別是「好的正評」、「好的負評」、「壞的正評」和「壞的負評」。就前兩者而言,不管評家對於一本書的評價是正是負,要寫出好的書評,首先就得仔細透徹地讀完整本書,對書的主題有深入了解,然後運用創作技巧和文學知識對這本書做出合理的分析和評價。

　　反觀「壞的正評」雖然對一本書做出正面的評價,本身卻是一篇糟糕至極的評論。至於「壞的負評」,那就不用說了,在網路上看見這種評論只會污了讀者的眼。

　　重要的是,不管那些自以為是的網路評家想捧紅一本書還是將其貶抑得一文不值,要寫一篇壞的書評實在很容易:首先就是把書隨便翻一翻,然後只憑一己之見,趾高氣昂地提出一些論斷,因為沒有好好看書而在引用的時候百般出錯,甚至利用批評這本書的機會大力推銷自己心儀的其他作家、作品或論調。擅長寫壞書評的評家也喜歡在作品中吹捧自己的成就,誇張自己的閱讀經驗和心情,亂開只有自己懂得的玩笑,而絲毫不區分自己的偏見和客觀的事實。在這方面最厲害的評家可以透

過書評對作者進行人身攻擊，一刀捅下去毫不見血，反正自己寫得淋漓痛快，哪管別人的創作心血就此毀於一旦。

讀者看到這裡會問：好的書評應該怎麼寫？作為網路時代的評家，我們如何才能成為一個好的評家，盡情推銷自己心愛的作品，同時又能提升自己的網路名氣和創作水準？葛絲沃西提出了一些建議：

一、對書評的讀者負責：好的評家應該要正確描述書的內容，實話實說，文字兼具資訊性和娛樂性。

二、對可能接觸書評的讀者負責：好的評家不應該誤導讀者，如果評論的書實在不值得讀，也能誠實地幫讀者省錢。

三、對書的作者和編輯負責：好的評家絕對會小心閱讀每一本書，下筆時也會仔細謹慎，絕不扭曲或誤解書的任何內容，也絕不惡意中傷作者和編輯。

四、對請你寫書評的人負責（一）：許多人寫書評也許只為了單純分享，而不一定要對誰負責，然而評家在發表書評的時候，心目中必定有至少一個的讀者，那就是值得負責的對象了。好的評家能負擔起讀者的信任，文字清晰而有條理，言之有物，不只是湊字數，也不單純想吸引眼球。

五、對請你寫書評的人負責（二）：如果你有幸受到邀請而撰寫書評，那就受人之託，忠人之事，向對方證明你的才華和學養。

六、對發表的平台或管道負責：不管是運用自己的網站或部落格，好的評家都能尊重發表平台或管道所提出的創作或評論原則，不進行人身攻擊，不當網路或平面媒體怪獸，不提供可能觸犯法律的文字，不惡意給對方惹麻煩。

七、對整體的文學風氣負責：好的評家願意用自己的評論提升社會大眾的文藝素養，為書香社會的建立做出貢獻，而不是用自己的文字垃圾來污染讀者的心靈。

八、對你自己負責：好的評家能盡心維持自己的職業和道德水準，不因為自己對一本書的偏見而故意給負評，更不因為自己對一本書的好

《為自己讀書》

感而刻意給正評（特別是在自己和書的作者相熟的時候）。好的評家不做違心之言，最重要的是不以自己為重，不卑不亢。畢竟書評的目的在於讓讀者看書，而不是看你。

在葛絲沃西的建議之餘，我們還有幾點補充。要做一個好的評家，首先當然還是要看完自己要評論的書，在寫書評的時候也要著重於評論和分析，而不是單純提供劇情大綱和讀後感。多參考別人對於同一本書的評論，卻不要照抄或剽竊別人的內容。你可以解釋自己為什麼喜歡或痛恨這本書，在讚揚或批評的時候卻要保持專業、客觀而公平的態度，就事論事，實話實說。

最重要的一點是：千萬不要在書評中洩漏故事的重要情節或結局！不要單單用一句「本篇有雷」的警告來了事——評家的責任在於引領讀者看書，而不是讓他們偷懶省事，知道結局之後就連書都不看了！

——原載於 2013 年 11 月 5 日

《為自己讀書》

當英文翻譯成古風：極致風雅還是畫蛇添足

最近忙著翻譯一些作品，只有很少的機會上網，偶爾能上網的時候卻碰到一些令人「眼界大開」的事情。以下就是一例。

這是我在新浪微博上讀到的「當英文翻譯成古風」系列，發表的人只說這些文字和翻譯來自網路，顯然在分享的時候並不在意原作者是誰。老實說，原作者可能也不希望洩漏自己的大名，畢竟他們的翻譯嘗試實在是一種「驚人之舉」，受好評的時候當然要謙恭下士，被人罵的時候也當然要隱姓埋名。

閒話少說，請看第一則。英文和第一行相配的中文不知道是從哪裡來的，極有可能是谷歌翻譯。在此完全沒有更動原本的文字：

I want tohave a man heart until my hair white not leave
我想有個男人的心到我的頭髮白不離開

請看看其古風翻譯：

「心似千千結，唯願君如瑤臺花上蝶，花落蝶成雪，白髮無相別。」

不知道大家看了有什麼感覺？再來看看第二則英文和相配的中文，英文同樣不知所云，在此也完全沒有更動：

Love is a play that a person who gets gains and losses
愛情是場患得患失的戲

請看看其古風翻譯：

《為自己讀書》

「風月入我相思局，怎堪相思未相許。」

　　接下來就不加評論了，只把英文、相配的中文和古風翻譯列出來，請大家看看原作者的「本事」。這些翻譯究竟是極致風雅，還是畫蛇添足，各人可能都會有不同的意見。我自己認為「實在不敢領教」，但是請大家不要受我的意見影響，還是自己判斷為重。

第三則：
If I know what love is, it is because of you.
　　因為你，我懂得了愛
「如是良人長相絕，猶恐夢中思上邪。」

第四則：
　No matter the ending is perfect or not, you cannot disappear from my world.
　　不論結局好壞，你不能從我的世界消失
「亂世繁華，只為你傾盡天下。蒼水蒹葭，只為你歸田卸甲。」

第五則：
Wherever you go, whatever you do, I will be right here waiting for you.
　　無論你身在何處，無論你為何忙碌，我都會在此守候
「去年海棠鎖朱樓，花下卿舞袖，如今，人空瘦，海棠落瓊眸。」

第六則：
I like you, but just like you
　　我喜歡你，僅僅如此，喜歡而已
「縱然相思入骨，縱然萬劫不復，我也只願你眉眼如初，風華如故。」

《為自己讀書》

第七則：
Well, not that emotional, but I move the heart.
說好了不動情，我卻動了心
「情如風雪無常，卻是一動即殤。」

第八則：
I'll think of you every step of the way.
我會想你，在漫漫長路的每一步
「我步步漣漪念你，怎奈青絲老去，卻還那年白衣，打馬浣溪。」

第九則：
 If we can only encounter each other rather than stay with each other, then I wish we had never encountered?
如果只是遇見，不能停留，不如不遇見
「若只是遇你如一曲驚鴻，未能相濡以共，未能醉此一盅，不如忘記夢裡這場朦朧，獨身月明中。」

——原載於 2014 年 8 月 12 日

《為自己讀書》

感謝有書的存在

十一月二十七日（星期四）是感恩節，也是我們向家人、朋友和生命中的那些特殊人物表示感激的時候。對於那些不喜歡或沒有機會吃到火雞的讀者而言，一個更好的感恩方是當然是感謝有各種好書的存在。特別是在台灣這個出版王國，好書隨手可得，不看書實在是說不過去，正所謂「無肉令人瘦，無書令人俗」也。

最近在網路上看到一系列感謝有好書存在的理由，一共有二十個，卻沒有特定的次序。在此特別翻譯出來和大家分享，祝大家都有一個愉快平安的感恩節。

‧我第一次從書中知道，學習可以是一件開心的事——儘管後來有許多師長也讓學習成為一種愉悅的活動，書依然我的第一個老師，讓我培養出追求知識的熱情。

‧在我過於害羞而怯於參與社交場合的時候，書是我最好的朋友。

‧書給了我慰藉，特別是在生活中面對試煉的時候——從小時候在公園被其他玩伴瞧不起到後來我父親的過世，以及其間的每一次大小挫折。

‧透過書，我愛上了科幻和奇幻小說，它們
  (1) 讓我相信世界上沒有什麼事是不可能的；
  (2) 到後來也讓我認識了我先生。

‧書幫助我了解我想認識（至今也依然努力成為）的那個人。

‧書讓我相信自己可以做一個好母親，特別是這個想法讓我害怕到無以言喻的時候。

‧書給了我耐性，特別是孩子們還小的時候，我每天晚上只能睡三小時，白天連花五分鐘為自己完整思考一件事的機會都沒有。

‧透過書，我現在能體會到孩子們如何逐漸培養出自己的獨特人格，進一步努力成為自己想做的人物。

《為自己讀書》

- 書給了我詩歌。
- 書提供了所有的那些無關緊要、無傷大雅的小知識，讓我在雞尾酒派對中成為一個特別有趣的人。（順便一提：如果沒有書，我大概永遠不會知道在這些雞尾酒派對中應該如何穿著打扮。）
- 在這個世界似乎充滿了憤怒和騷亂的時候，書給了我祥和寧靜。
- 在這個世界似乎充滿了愛和慷慨的時候，書幫助我表達滿心狂喜。
- 沒有書，我不知道自己在大部份的晚上是否能睡著。
- 書是我家裡最重要的裝飾品——它們好看極啦！
- 去年，書讓我成功地在家裡教育了最年幼的女兒。
- 書介紹我認識了一些最好的朋友。
- 因為有書，我才找到了自己夢寐以求的工作。

——原載於 2014 年 11 月 26 日

《為自己讀書》

用無字天書幫助孩子閱讀

對童書稍有認識的人都知道,許多優秀的兒童作品都沒有文字,只以精緻多姿的插圖培養孩子的想像力,增進他們對於世界和同儕的理解。好讀者不需要文字也可以理解故事的內容,如果有適當的引導,你的孩子也可以成為優越的讀者。

在許多情況下,孩子比大人更善於看圖說話。特別是孩子和父母親一起閱讀的時候,雙方都可以透過對於插圖的詮釋和討論而體驗作品的魅力。所謂的「無字天書」其實可以培養孩子們的幾項重要能力:

首先是對於書本的認識。一本書有其構造和觸感,是一個完整的存在,擁有開始和終結,用系統的方式呈現出一個概念。只有插畫的童書可以協助孩子在和父母對話的過程中培養傾聽和理解的技巧,以及對於色彩、線條、形體的觀察與詮釋。更重要的是,透過插畫想像故事的發展,可以讓孩子學習故事的結構,包括事件的因果、發展過程中的問題和解決方式,參與人物的個性轉變,以及事件敘述的起始、延續和結尾。

其次是字彙的累積和口頭表達技巧。孩子和大人一起解讀插畫的時候,可以學會辨識畫中的各種事物、地點、動植物、人物和其行為,進一步用這些視覺資訊培養敘事的能力。這可以幫助孩子在識字並開始正式閱讀之後理解這些故事,並激發他們自己進行創作的意願,也就是識字能力的實際體現。

再來就是自信的培養和對於文字藝術的愛好。孩子雖然年幼,卻能驕傲地讀完自己喜歡的繪本,並理解從頭到尾的整個故事,不需要大人指揮。特別是因為插圖適合所有年齡的讀者欣賞、吸收,孩子可以從小體會閱讀的樂趣,建立自己的鑑賞品味。

最後則是跨文化、跨語言的吸收。只有插畫、沒有文字的童書適合所有文化和語言背景的孩子閱讀,同時在大人的協助之下,透過圖畫,以自己的語言了解自己的文化。特別是具有閱讀障礙的孩子,插畫可以

《為自己讀書》

激發並維持他們對於書籍的興趣,進而增加學習的信心。

坊間有許多「無字天書」式的童書繪本,父母親可以和孩子一起選擇、比較,這種討論互動也是一種學習和交流。在此同時,孩子對於語言文字的學習有賴於大人持之以恆的指導和協助,最重要的是讓閱讀成為一件好玩的事,不要給孩子壓力,反而能讓孩子開心,進一步培養自己學習的意願和技巧。

——原載於 2015 年 11 月 23 日

《為自己讀書》

一則關於閱讀的小故事

不久之前，位於倫敦大都會區中心地帶的西敏市 (City of Westminster) 的一家歷史悠久的獨立書店——Heywood Hill——慶祝了八十歲的生日。這家書店於 1936 年八月三日成立於柯曾街 (Curzon Street) 十號，素以書類繁多、新舊皆宜、兼售精美藝品而聞名，八十年來提攜了無數優秀的英國作家，也受到眾多英國皇室的青睞和支持。

Heywood Hill 書店的第一份產品名錄推廣的就是愛爾蘭作家詹姆斯·喬伊斯 (James Joyce) 於 1922 年出版的《尤利西斯》(Ulysses)，而到了 1940 年代，著名的英國女作家南西·密特福德 (Nancy Mitford) 也在這裡打過工。台灣的公共電視台曾經推出的《戀戀冬季》電視影集 (Love in a Clod Climate) 就是由密特福德的兩部小說——In Pursuit of Love (1945) 和 Love in a Clod Climate (1949) 改編的，據說書中關於英國上流貴族社會和堅貞追求愛情的女性描寫，多少都受了密特福德在 Heywood Hill 書店的打工經歷所影響。

到了 1970 年代，英國著名作家約翰·勒卡爾 (John le Carre) 在他於 1974 年出版的諜報小說《鍋匠·裁縫·士兵·間諜》(Tinker Tailor Soldier Spy) 一書裡，描述年事已高的退休情報員喬治·史邁利 (George Smiley) 如何協助官方追捕潛伏在英國政府高層中的蘇聯間諜。史邁利素有收藏珍稀舊書的嗜好，而他在閒暇時最喜歡逛的書店就是 Heywood Hill。想當然爾，這本書也是該書店長期推薦的小說作品之一。

有趣的是，如今的 Heywood Hill 在慶祝八十歲生日之餘，特別推出一項全球性的推廣活動，讀者只要說明自己最喜歡的一部在 1936 年後出版且用英語創作的文學作品，就有機會參加抽獎。頭獎是所謂的「終身圖書館」(Library of a Lifetime)，也就是由 Heywood Hill 書店的專業人士根據讀者的閱讀喜好，每月寄送一本最新出版的精裝書，直至讀者壽終正寢為止。該書店號稱，獲得頭獎的讀者「一生中再也不必花錢買任何一本

書」，確實讓全世界的愛好閱讀人士心動不已。

其實，這項活動是 Heywood Hill 現有的訂閱服務的延伸，讀者只要付 350 英鎊的年費，就可以每月收到一本該書店精心挑選且新近出版的精裝書，一年十二本平裝書的費用則是 200 英鎊。乍看之下，這價錢頗不便宜，350 英鎊相當於 428 元美金，換算成新台幣則是 13,500 元左右，即便是 200 英鎊也要美金 245 元或新台幣 7,730 元左右。然而考慮到寄送的都是最新出版的好書，國際運費也不便宜，這樣的訂閱費用在愛書人眼中應該還是值得的。更何況，該書店其他的訂閱服務還包括特別為青少年讀者選擇的好書、專業書評、乃至於當年書市熱門話題等多種項目，確實是為各式各樣的愛書人所設計的貼心服務。

最有意義的是，根據 Heywood Hill 書店的介紹，這項「終身圖書館」抽獎活動其實是受到一位名叫派翠西亞‧拉芙喬伊 (Patricia Lovejoy) 的女士的啟發。這位女士的姓氏相當特別，我們不妨在此意譯為「愛悅」，而就這篇文章的主旨而言，轉成同音的「愛閱」似乎也無傷大雅，更添風味。話說這位「愛閱」女士當年住在美國康乃迪克州的格林威治小鎮 (Greenwich)，她畢業於賓州的布林莫爾學院 (Bryn Mawr College)，曾任職於哈佛商學院的環保部門和紐約的花旗銀行 (Citibank)，後來才搬到康乃迪克州。

1970 年代早期的某一天，愛閱女士給倫敦的 Heywood Hill 書店打了一通長途電話，請他們推薦幾本書，寄給她看，而書店也照辦了。令人驚訝的是，在接下來的四十年中（！），愛閱女士每個月都會請書店推薦並寄一本書，有時候甚至每月要求二到三本書。

愛閱女士說：「我真喜歡自己和 Heywood Hill 書店的聯繫，更喜歡發現那些若非書店推薦、否則我永遠也不會有機會接觸的好書。他們的選書總是讓我驚訝而興奮。這些年來，我接觸過 Heywood Hill 書店的許多服務員，逐漸熟悉他們的閱讀品味，而他們也試著了解我的閱讀習慣。這是最讓人開心的一件事了，彷彿是一種冒險，也是我生命中重要而持續的文藝部份，無論如何都不會放棄。」

《為自己讀書》

　　愛閱女士又說:「我最喜歡做的事便是閱讀,這讓我非常快樂。我也喜歡出外用餐和參與社交場合,但這只是為了預防我將來年老時不會孤單寂寞。事實上,光是拆開 Heywood Hill 書店新近寄來的大包裹,整天都坐在那裡看那些新書,就足夠讓我稱心如意了。」

　　值得一提的是,在這四十年中,愛閱女士總共只到過倫敦的 Heywood Hill 書店兩次。第一次是在 1999 年,她帶著年幼的兒子造訪書店,又笑說兒子一翻開書就會睡著。第二次是在 2012 年,她的拜訪,讓 Heywood Hill 如今的眾多服務員體會到這家書店這些年來對她的生命造成了多麼重大而深遠的影響。至今在書店的網站上還有對愛閱小姐的永恆致意,感謝她持續不變的支持。

　　這個小故事讓人相當感動。的確,在全世界的每個角落都有愛書人,更多的則是那些長久以來默默地、苦心地奉獻於文化事業的無名人士,他們兢兢業業地守著自己的工作崗位,只求付出,不求回報,而在偶然得知自己的付出能讓他人的生活更美好的時候,那種難以言喻的興奮和感恩的心情,該是多麼珍貴啊!希望這個小故事也能鼓勵您多讀一本好書,多多支持社區中的獨立書店和圖書館。

——原載於 2017 年 11 月 13 日

《為自己讀書》

愛書人經常對朋友說的十句話

或許有人認為閱讀是一種非常私人性的活動，自己一個人抱一本好書，端一杯熱飲，獨自躲在角落裡沈醉於書中世界，不知天昏地暗，度年如日，時時刻刻最好不要有人來打擾。然而，一旦一本書看完了……

愛書人可以成為最活躍的社交動物，等不及要找人分享自己的閱讀心得，不管是面對面或透過網路，他們希望談自己的讀後感，受到書中人物或情節的啟迪，對於作品某些方面的抱怨，或是在閱讀之後油然而生的各種理性或感性思緒。最重要的是，愛書人在閱讀之後，最喜歡談的就是書，而對其他話題完全不感興趣。

如果你有一個愛書的朋友，千萬要記得對方的閱讀進度，在對方滔滔不絕的時候要洗耳恭聽，不時點頭稱是，並且報以崇敬的眼光，以善盡作為朋友的責任。等再過幾天，愛書的朋友開始看另一部作品，你的耳根便可以清靜不少，也可以談談其他有的沒有的話題了。

那麼，愛書人經常會對朋友說什麼話呢？

一、「你非讀這本書不可！」

愛書人在讀完一本好書之後都會難過，因為好故事結束了，就算重讀也不會有第一次翻開書頁時的那種驚為天人、似曾相識、一見鍾情的感受。在此同時，愛書人也會激動萬分，恨不得有能力讓世界立刻停止運轉，以便於立刻向全天下的人分享這本書，否則真會憋死不可。

二、「你讀過這本書嗎？」

愛書人就像熱戀中的男女一樣，總覺得自己的喜樂愛怒是最獨特的感受，沒有談過戀愛的人絕對不能理解，就算假裝理解也只是膚淺的揣測而已。當他們問你是否讀過一本書的時候，其實是在徵求你的同意，讓他們能立刻開始宣傳這部作品，進而強迫你放下手邊所有的事，即刻開始閱讀，以便於體會他們的感受，也就是讓他們有可以傾訴的對象。如果你不願意或不能立刻閱讀，他們就會開始難過：啊，你實在太不了

解我，太不夠意思了，作為我的好朋友，竟然還沒有讀過這本書。

三、「你讀完那本書了嗎？」

這句話看似與上一句相近，問題卻沒有這麼簡單。這句話真正的用意是：「你把書看完了嗎？趕快看完，我們才能開始討論呀！你看了書，才能知道我到底在說什麼呀！」另外一種可能是：「你借我的書，什麼時候看完之後要立刻還給我啊？」更有可能是：「你答應要在讀完這本書之後借我，現在怎麼動作這麼慢！我等得急死啦！」不管是哪一種，愛書人只要一出口這句話，你立刻就會知道他們的意思。

四、「我們去逛書店吧！」

如果你和身為愛書人的朋友出遊，最好事前有所準備，如果沒有既定的目的地，就得面對被他們拉去逛書店，然後在那裡無所事事地等上幾個小時，無聊至死的窘況。還有一種可能是他們會拉扯你到書店的各個角落，向你介紹各種好書，然後擠眉弄眼地暗示，他們的生日或耶誕節、春節、情人節、端午節中秋節軍人節國父誕辰紀念日等等雞毛蒜皮的大小節慶快到了，你是不是應該表示一下……當然，如果你自己也愛書，那又另當別論了。

五、「我有點累／不舒服，不想出門，還是待在家裡休息好了。」

任何人用腳趾頭想想就能知道，這只是愛書人寧願躲在家裡閱讀的藉口。就算他們真的不舒服，也會冒著發燒咳嗽吃藥打針的風險而拼命把手裡的書看完，而萬一真的得去醫院掛號急診打葡萄糖，也絕對會帶至少一本書。

六、「那電影／電視影集拍得還可以，不過，在原著裡……」

愛書人如果不抱怨電影或電視影集「完全喪失原著精神」，就會責怪某個情節修改或人物塑造「不像原著那樣有特色」，再不然就是指責哪位參演的明星「根本不像原著角色那樣英俊瀟灑或美麗溫柔」。換句話說，任何一部從文學作品改編而來的電影或電視影集都可以引起愛書人如此這般的牢騷，所以你在聊天的時候可要留神，不要以為自己只要避免提到閱讀的話題就好。

七、「不要亂放雷！」

愛書人最討厭的就是有人在平時聊天或網路發言時亂設地雷，有意無意透露了好書的劇情、甚至結尾，剝奪了他們的閱讀樂趣。這一點，就算是不愛看書的人也應該能理解，所以最好不要亂設地雷，以免愛書人伺機報復，也來給你心愛的電影或電視影集放個地雷踩踩。

八、「那本書可以還我了嗎？」

上面的第三句話「你讀完那本書了嗎？」算是很客氣的說法，然而愛書人如果選擇這句「那本書可以還我了嗎？」，就表示你有大麻煩了。愛書人是世界上最吝嗇的小氣鬼，借書不還則是最為十惡不赦的罪過，如果你竟然把書弄丟了，或在還書的時候被他們發現有污漬，那他們肯定永遠不會再借另一本書給你。說真的，要向愛書人借書，你還不如去借高利貸。

九、「你喜歡這本書？我也是！」

愛書人通常很容易交到朋友，尤其是一生一世的好朋友，只要對方也喜歡同樣的書就可以了。特別是那些酷愛特定文類的人，如果真的碰到知音，那可是感激涕零，殺身成仁，捨身取義，為對方肝腦塗地也心甘情願。

十、「想知道這本書好在哪裡嗎？我來解釋一下。」

如果你開口問，愛書人當然要義不容辭地解釋一下，不但巨細靡遺地解釋情節和箇中含義，還要活龍活現、加油添醋地復述各種對話和動作。而就算你對這本書完全沒有興趣，愛書人也覺得自己有責任來改變你的看法，非要來個「乾坤大挪移」不可。所以，你有多少時間？兩分鐘，兩小時，還是兩天兩夜？最好還是乖乖聽著，不要插嘴，等他們說完就沒事了。

你身邊也有愛書人嗎？他們都說過什麼話？

——原載於 2016 年 8 月 1 日

《為自己讀書》

批評和反批評

　　最近在網路上讀到一段非常精闢的論文，值得介紹給喜歡文藝評論的各界作者和讀者參考。這段話的原文頗長，附在文末，謹供有志於鑽研優越英文的讀者參考。這裡是中文試譯：

　　「維吉尼亞・吳爾芙呼籲的是對於美國詩人華特・惠特曼所言『我包羅萬象』的進一步內省，以及對於法國詩人亞瑟・韓波所言『我即他者』的深度透視。她呼籲一個不要求統合認同的環境，因為統合是一種限制，甚至壓迫。我們經常注意到，吳爾芙在自己的小說中為各種角色做這種呼籲，也偶爾在論文中以身作則，用調查、評判的口吻予以表揚、延伸，堅持要求多樣性，不受削減或復歸，追求神秘性，後者亦即事物的持續發生，擴展，無可限制，兼容並蓄。

　　「吳爾芙的論文經常是對於此一無羈意識、此一不確定原則的宣言以及相關的範例或調查。這些論文也是反批評的範本，畢竟我們經常認為批評的目的在於釘死某一對象。在我從事文藝評論的這些年來，經常開玩笑說，博物館對於藝術家就像標本製作者對於活生生的野鹿那樣喜愛，那是一種渴望獲有，要求穩定，追求確信，對於開放、變幻不定而充滿冒險性的藝術家的作品做出定義的態度，常見於許多在所謂『藝術界』的封閉環境中工作的人。

　　「在文學批評和學術研究的領域中，針對藝術家企圖和意念的隱晦性以及其作品多變性也有類似的侵略態度，總想確認那些無法確認的部份，探知那些難以探知的東西，把天空中的飛鳥轉變成餐盤中的烤雞，凡事都要分門別類，歸納統合。無法歸類的東西就無法偵測了。

　　「有一種反批評追求對於藝術作品的擴展，為其進行聯繫，開放其意念，邀請各種其他的可能性。優秀的批評可以解放一部藝術作品，促進其完整的體現，保持其生命長存，推動永不止息的對話而持續鼓動想像。這不是反對詮釋，而是反對限制，反抗對於靈性的戕害。這種批評

本身就是優秀的藝術。

　　「這種批評不在於評論者和文本的對抗，不追求權威。其著重的是和作品及其意涵一起邀遊，誘導其開花結果，邀請他人一起對話，發現前所未知的境界，開啟過去封鎖的門戶。這種批評對藝術作品本質的神秘性保持尊重，這神秘性正是藝術作品的美和歡悅之所在，不容削減，更充滿主觀。最壞的批評是堅持己見，讓別人都啞口無言；最好的批評則是開展一場永遠不必結束的對話。」

　　這段話出於美國文化歷史學家瑞貝卡・索爾尼 (Rebecca Solnit) 於2014年4月24日在《紐約客》雜誌 (New Yorker) 網路版發表的論文「吳爾芙的黑暗世界：擁抱無解」（Woolf's Darkness: Embracing the Inexplicable，寫於2009年），後來收入她在同年出版的《直男為我解說》(Men Explain Things to Me) 一書。關於「直男」一詞相當有趣，中文有「直男癌」一詞，形容的就是那些自以為是、好為人師的（男）人經常滔滔不絕地為其他（女）人解釋後者早已知道的事物。

　　不過，在此長篇大論引用索爾尼這段論文的目的，在於和各界作者、讀者、論者分享一個觀點，希望和大家進行交流、對話。其實「批評」一詞不如「評論」，因為後者鼓勵論辨，邀請對談，提倡客觀，推廣「百花齊放」，而這也是文藝作品的本質，在喚起「百家爭鳴」之餘更追求知音。「權威」在當前的網路時代已經不復也不應存在，唯有提倡、堅持並捍衛言論自由，才能確保並提倡網路的民主性，文學和藝術也才能保有活活潑潑的生命。

　　以下為英文原文：

　　　　"Woolf is calling for a more introspective version of the poet Walt Whitman's 'I contain multitudes', a more diaphanous version of the poet Arthur Rimbaud's 'I is another'. She is calling for circumstances that do not compel the unity of identity that is a limitation or even repression. It's often noted that she does this for her characters in her novels, less often that, in her essays, she exemplifies it in the investigative, critical voice that celebrates and expands, and demands it in her insistence on multiplicity, on irreducibility, and maybe on mystery, if mystery is the capacity of something to keep coming, to go beyond, to be uncircumscribable, to contain more."

"Woolf's essays are often both manifestos about and examples or investigations of this unconfined consciousness, this uncertainty principle. They are also models of a counter-criticism, for we often think the purpose of criticism is to nail things down. During my years as an art critic, I used to joke that museums love artists the way that taxidermists live deer, and something of that desire to secure, to stabilise, to render certain and define the open-ended, nebulous, and adventurous work of artists is present in many who work in that confinement sometimes called the art world."

"A similar kind of aggression against the slipperiness of the work and the ambiguities of the artist's intent and meaning often exists in literary criticism and academic scholarship, a desire to make certain what is uncertain, to know what is unknowable, to turn the flight across the sky into the roast upon the plate, to classify and contain. What escapes categorisation can escape detection altogether."

"There is a kind of counter-criticism that seeks to expand the work of art, by connecting it, opening up its meanings, inviting in the possibilities. A great work of criticism can liberate a work of art, to be seen fully, to remain alive, to engage in conversation that will not ever end but will instead keep feeding the imagination. Not against interpretation, but against confinement, against the killing of the spirit. Such criticism is itself great art."

"This is a kind of criticism that does not pit the critic against the text, does not seek authority. It seeks instead to travel with the work and its ideas, to invite it to blossom and invite others into a conversation that might have been unseen and open doors that might have been locked. This is a kind of criticism that respects the essential mystery of a work of art, which is in part

《為自己讀書》

its beauty and its pleasure, both of which are irreducible and subjective. The worst criticism seeks to have the last word and leave the rest of us in silence; the best opens up an exchange that need never end."

——原載於 2017 年 11 月 9 日

《為自己讀書》

《為自己讀書》

第三部：我見我聞

《為自己讀書》

《為自己讀書》

所謂了解：試答吳祥輝先生（三之一）

近日拜讀了吳祥輝先生的部落格文章「兒子的第一個潛在客戶」，針對吳先生和其長子之間提出討論的三十六個問題，其中有幾項，給我的感觸很深。我和吳先生素昧平生，只知道他就是當年那位有名的「拒絕聯考的小子」，後來在網路上查到了他豐富的人生經歷和著作，更不好意思貿然去他的部落格發言打擾，只好在這裡胡言亂語一番，算是後生之犢的胡思亂想，還想請吳先生和各位讀者見諒。

我覺得所謂的「讓台灣人更了解中國，讓中國人更了解台灣」，固然是海峽兩岸在二十一世紀所必須進行的任務，然而吳先生的大兒子所提出的「國際作家經紀公司」，其目標在於「幫助中國作家進入台灣出版市場，幫助台灣作家進入中國出版市場，幫助華文作家進入世界出版市場，幫助外國作家進入中國出版市場」，卻很值得各界共同深思。

吳先生說得不錯，作家確實「是一個國家文化水平的領先指標群，反映著國家的心靈怎麼在感受自己和聆聽世界」，然而綜覽今日台灣各界作家已經出版的作品，在「感受自己」方面的成就斐然，在「聆聽世界」方面卻還缺乏一些深度，這固然是一般人對於世界各國了解還不夠、甚至不願意進行深入了解的結果，一方面卻也是台灣在國際社會中扮演的角色還不夠重要的辛酸。作家儘管傑出，卻也是普通人，更了解普通人，於是筆下有意無意地便會反映出一般人對於所謂「外國」和「外國人」的見解。如果作家想要協助台灣廣大讀者「聆聽世界」，自己就必須率先進入世界。這一點，吳先生透過近年來「國家三部曲」的創作，已經在打頭陣了。

吳先生指出，「台灣作家的水平遠遠落後於先進國家，因此，台灣作家沒有機會進入世界舞台。同時，中國作家的寫作技術水平遠高於台灣作家，足以和世界水準齊觀，中國作家的現代文學作品早已多見於世界文壇」。我認為，這種意見的提出是相當坦誠而有勇氣的，至於程度

正確與否,則要看讀者本身的水準。讀者如果涉獵良多,能夠有足夠的各國文學「樣本」來加以客觀公正地比較,則可能會贊同吳先生的看法。如果讀者本身看的書不夠多,又受到各種意識觀念的干擾,則可能會覺得吳先生的意見在「政治正確性」方面有待加強。

其實,無論是台灣作品或是中國作品,已經透過翻譯而打入世界出版市場的,其實都是比較早期的文學作品,確實能夠經歷時間的考驗,其特色也能夠吸引不同國籍、不同世代的讀者,歷久而彌新。換句話說,不管是「愛國主義」或「民族主義」的作品,還是具備所謂「現代化意識」的作品,都需要有能夠跨越文化的文學特色,否則無法打入世界出版市場。這一點,無論是台灣作家或是中國作家,都必須有所認識。

與此同時,既然是台灣作品,就必須具備台灣特色,而其內容又為何?換句話說,每一位想要打入世界出版市場的台灣作家,都必須先進行深度思考:台灣究竟有什麼特色可以和世界讀者分享?世界讀者為什麼要讀台灣作家的作品?他們可以從其中學到什麼東西,以便於補足他們自己國家的文學所缺乏的部份?

這個疑問,其實也可以應用在想要打入中國出版市場的台灣作品、以及想要打入台灣出版市場的中國作品上面。中國讀者為什麼要讀台灣作品?台灣讀者又為什麼要讀中國作品?如果這一點不能釐清,不能摒棄所謂「分享民主自由經驗,促進兩岸和諧統一」的政治高調,那麼再怎麼努力想要「幫助中國作家進入台灣出版市場,幫助台灣作家進入中國出版市場」,也都是枉然。

吳先生指出,「台灣作家的意識水平和視野凌駕中國作家至少三十年,讀者意識水平也可如此觀」,關於這一點,我並不是很同意。台灣的優勢在於環境民主,因此思想開放而言論自由,然而也正因為如此,台灣沒有那種堅毅而統一的意志和決心去進行文學事業,也受到太多商業利潤的引誘和箝制。台灣有許多真正具備成就的作家,都是經歷了國家或個人環境的種種磨鍊而得以臥薪嘗膽,把一片苦心卓智發揮在文字之中,才能創作出感動人心的作品。相對之下,當代中國能夠打入世界

出版市場的許多作家,也有過這樣的體驗。如果硬要敦促那些人生歷練有限的作家和讀者去提升他們的意識水平和視野,那麼無論是在台灣或中國,都會像俗話所說的,想把一頭牛牽到河邊已經夠難了,如果牠不想喝水,誰也沒有辦法加以強迫。

吳先生又指出,「中國作家(非文學類)提升高度的最快方法是打進台灣,相對地,台灣作家進入世界出版市場最近的距離是經過中國」,關於這一點,我更不同意。中國作品有其自我的文學特色,主要是因為其生存與成長的環境不同,而這也正是其吸引台灣讀者、乃至於世界讀者的一點。今天就算更多的中國作家能夠打入台灣市場,無論是文學類或非文學類,都必須和台灣作品有所不同,才能產生吸引力。中國作家有什麼高度必須提升呢?如果吳先生所說的「中國作家的寫作技術水平遠高於台灣作家,足以和世界水準齊觀」確實不錯,那麼中國作家還有什麼必須改進的?內容意識嗎?如果不能改變中國作家生存與成長的環境,則其作品的內容意識也不能有什麼變化。如果中國作家作品中的內容意識能夠「提升」到和台灣作品相同或相似的程度,那麼其大概也吸引不了多少台灣讀者了。

至於台灣作家為什麼要先經過中國,才能打入世界出版市場?如果世界讀者想要閱讀真正的台灣作品,難道不會追求真正具有台灣特色的作家?如果吳先生這句話的用意在於出版市場的發展,那麼即便是當代的中國作品,在世界出版市場上的地位也是有限的,中國的作家、讀者和出版業對於世界讀者和出版市場的認識更是有待加強,如上所述,主要是因為其生存與成長的環境不同。如果台灣作品要繞道中國而進入世界出版市場,是不是也得具備一些中國特色?如果台灣作品要堅持台灣特色,又如何能夠透過中國來達到進入世界出版市場的目標?

這篇文章主要想探討的是關於「幫助中國作家進入台灣出版市場,幫助台灣作家進入中國出版市場」的課題。在下一篇文章中,我想討論關於「幫助台灣作家進入中國出版市場,幫助華文作家進入世界出版市場,幫助外國作家進入中國出版市場」的問題。

《為自己讀書》

——原載於 2010 年 6 月 24 日

《為自己讀書》

所謂了解：試答吳祥輝先生（三之二）

　　在上一篇文章中，我試圖從台灣作品和中國作品的角度，提出一些對於「幫助中國作家進入台灣出版市場，幫助台灣作家進入中國出版市場」的建議。在這一篇文章裡，我想透過專業翻譯的角度，來說明自己對於「幫助華文作家進入世界出版市場，幫助外國作家進入中國出版市場」的看法。

　　對貿易有了解的人都知道，想要打入一個新市場，特別是語言文化、乃至於風俗習慣完全迥異的市場，首先便要對這個市場進行深度了解。在這個市場中已經存在的有哪些商品？推廣和販賣的成就如何？特色的優點和缺點在哪裡？為什麼有的商品大受歡迎，令客戶欲罷不能，有的卻只是五分鐘熱度，曇花一現？如果要引進新商品，則和目前已經存在於這個市場的其他商品有什麼類似或不同的地方？判斷的標準和方法為何？如何促銷？和客戶之間如何保持互動與交流？如果這個商品的引進成功，則下一步是什麼？更多的新商品嗎？如果這個商品的引進失敗，則如何彌補失落？全身而退的策略為何？

　　對於那些試圖打入世界出版市場的華文作家而言，首要的工作便是去了解目前有哪些華文作家已經被世界讀者接受，其作品的特色又是什麼。華文作品要進入世界市場，首先當然得經過翻譯，這方面有許多專業人士和學者已經孜孜不倦地工作了許多年，因此成就是很高的，但是華文作家在這方面的了解又有多少？如果了解不夠多，不知道世界讀者感興趣的是什麼樣的華文作品，想知道的究竟是關於華人世界的哪些方面，又怎麼能輕易地夢想要打入世界出版市場？

　　目前已經透過翻譯而存在於世界出版市場的華文作品，就中國作品方面，大部份還是以因為政策錯誤而造成時代苦難、乃至於造成人生巨變的各種題材為主，少數也包含了中國在試圖建立「具有中國特色的社會主義資本經濟」的過程中，社會內部所產生的各種矛盾，以及和外來

《為自己讀書》

　　文化之間的各種交流問題。還有一些作品是由移居海外的中國作家所創作的,其間便包含了各種對於文化差異、乃至於自以為主流的文化如何適應非主流文化的觀察。

　　至於台灣作品方面,目前已經透過翻譯而存在於世界出版市場的數量不多,多半還是透過學界的介紹,也沒有任何重量級的作家可言。這應該是比較淺顯而缺乏全面的認知,近年來,透過台灣各界的努力,這個狀況已經有了顯著的改善。

　　老實說,目前許多世界讀者透過翻譯而針對華文作家的了解和需求,多半還是具有一定的框架,眼光也有些狹窄,以至於在選擇角度和價值評量方面都有所限制。這一方面固然是因為各國出版社基於商業考量的決定,一方面也是各國讀者已經約定俗成的觀念,以至於造成惡性循環,不能自拔。如果想要打破這種僵局,除了華文作家本身要努力創作、寫出更多也更有深度的作品之外,也要靠翻譯人員努力把更多、涵蓋面更廣的作品轉換成各國語言,打開出版社的眼界,以便於建立和讀者聯繫的管道。這方面,無論是台灣或中國,都可以透過官方力量來予以培養、協助、鼓勵。

　　在「幫助外國作家進入中國出版市場」方面,我們需要了解的是,目前中國出版市場對於世界各國作品的需求是相當驚人的,甚至到了有點恐怖的程度。以去年 (2009) 在德國法蘭克福所舉辦的國際書展為例,主辦單位特別以中國為主題展覽,因此各國出版社不免簽下翻譯出版許多現代或當代中國作品的合同,然而中國出版社更是需求無度,無論作家、不管國籍、更不在乎作品特色,凡是能買下簡體翻譯出版權的作品都一律買下,以至於引起各國媒體的廣泛報導。這些來自世界各國的作品不一定都是文學或非文學類,也包括了許多所謂冷門的學術專著,以至於如今要尋求各種世界文學作品的華文版本,往往都得先到中國去打聽。

　　那麼,為什麼不考慮要「幫助外國作家進入台灣出版市場」呢?難道台灣出版市場對於世界各國作品的翻譯和出版,真的已經達到飽和了

嗎?近三十年來,台灣對於世界各國作品有些什麼系統化的深入了解?台灣的社會和文化發展是否有受到這些作品內容精神的影響?台灣讀者想看的是什麼樣的世界作品?為什麼?目前世界各國作品在台灣的存在地位和發展為何?出版社決定翻譯出版世界各國作品的原因、角度和成就為何?

我覺得無論是台灣或中國,無論是走入世界,還是把世界帶進自家的後院裡來,首先要注重的,就是翻譯人員的培養和精進。想要成立所謂的「國際作家經紀公司」,除了要對台灣、中國和世界各國的各類作家和作品具備深入的了解,並且保持與時俱進之外,更要掌握一批高素質、有能力、肯為文學出版事業奉獻心力的翻譯人才,同時和肯做事、在有限程度之內願意犧牲商業利益而促進文藝發展的出版社合作,才能順利協助各國作家之間的深度交流。這種公司成立的立意是好的,邁向成功之路卻絕對會艱辛無比,只看有心人願不願意天長地久地做下去,相關政府機構又願不願意在立法和施政等方面配合贊助。

在上一篇和這一篇文章中,我對於吳先生的長子「幫助中國作家進入台灣出版市場,幫助台灣作家進入中國出版市場,幫助華文作家進入世界出版市場,幫助外國作家進入中國出版市場」的志向,提出了一些個人看法。在下一篇(也是最後一篇)文章裡,我想就吳先生和其長子之間提出討論的幾個問題,略述己見。

——原載於 2010 年 6 月 25 日

《為自己讀書》

所謂了解：試答吳祥輝先生（三之三）

在前兩篇文章中，我對於吳先生的長子「幫助中國作家進入台灣出版市場，幫助台灣作家進入中國出版市場，幫助華文作家進入世界出版市場，幫助外國作家進入中國出版市場」的志向，提出了一些不知天高地厚的淺見，如果對吳先生及其家人、乃至於各位讀者有不周到或冒犯之處，還請見諒。在這篇文章中，我只想就吳先生和其長子之間提出討論的幾個問題，簡單地陳述一下自己的意見。

關於第四個問題，「中國人和台灣人有什麼相同？」我的看法是，海峽兩岸除了同文同種之外，還有一點很重要的相同之處，便是對於「國家認同」和「民族認同」的混淆不清。（我本來想把這一點專門寫成一篇文章的，但是如果能在這裡簡單扼要地加以說明，大概也就不需要進一步浪費各位讀者的時間了。）

關於「國家認同」(national identity) 和「民族認同」(ethnic identity) 的問題，如果從整個華人世界的角度來看，便可以有相當清楚的認識。大致上而言，如果觀察東南亞國家的華人作家，特別是來自於作為前殖民地的一些國家或地區，如新加坡、馬來西亞、菲律賓、乃至於香港等，其作品中往往流露出對於不同的「國家認同」、「民族認同」、乃至於「文化認同」(cultural identity) 的深切思考。簡言之，在這種情況下，一個人可以具備國籍甲，在民族根本上卻屬於乙，在文化方面更吸納了來自於丙丁戊己庚辛的影響。

從另一個角度來看，如果觀察來自其他多元文化國家或地區的華人作家，特別是在美國、英國、加拿大、澳洲、乃至於紐西蘭出生成長的作家，其在作品中往往不以為自己是華人，所以能夠擺脫所謂華人文化的束縛和羈絆，用更新的角度來觀察自己的母國（也就是這些作家們出生成長的國家）和華人世界（也就是一般人只因為這些作家們具有華人血統而硬要加在他們身上的母國意識），而提出令人耳目一新的見解。

簡言之,在這種情況下,一個人可以具備國籍甲,在民族根本上屬於乙,在文化方面吸納了來自於丙丁戊己庚辛的影響,同時卻更承受了其他人試圖套在他身上的壬癸模式。

反觀海峽兩岸,在中國,國家認同也就是民族認同,更是文化認同。所謂的「中國人」也就是「炎黃子孫」,更是「龍的傳人」,一個人不管在哪裡出生、成長,都會因為其血統長相而被判定是華人,有成就時便是整個中華民族的驕傲,一但犯錯了,就變成背棄「祖宗文化」、乃至於背叛「祖國」而被人人喊打的過街老鼠。殊不知,許多所謂的「華人作家」,其實根本不認為自己是華人。反觀許多早已離開中國而生存在海外的作家,終其一生,卻也都脫不開這種來自於「祖國」的呼喚和羈絆。

至於台灣,情況就比較複雜,近年來在「國家認同」方面開始重視「台灣」而非單純的「中華民國」,在「民族認同」方面也開始講究「台灣人」和「中國人」之間的差異,更在「文化認同」方面面臨了各種外來文化的融合和挑戰。原本在台灣對於這些問題不太計較的人,到了國外,都因為各種情勢的逼迫影響而開始認同自己確實是「台灣人」,以便與「中國人」區別。儘管如此,台灣各界對於世界各國華人的看法,其實和中國沒什麼兩樣,只因為這些人的血統長相而動不動就希望他們能夠「認祖歸宗」,成為整個中華民族的驕傲;就算這些人一句華文也不會說,也不認為自己的華人,也硬要把他們算成華人,斤斤計較地梳理他們的祖宗八代和台灣或中國的關係。

如果單純從這個角度來看,第三十二個問題,「為什麼大部份移民者,到晚年時皆有意願返鄉終老,但中國移民者似乎意願不高,儘管在現在普遍生活水平大幅提昇後?」其答案就很明顯了。這一方面固然是中國移民者在海外生活一段時間後,體會到思想言論的自由開放,其重要性遠遠勝過生活水平的提高,因此不願意回到那個封閉受限的世界。另一方面,也是因為前文所提到的「國家認同」和「民族認同」,從小到大已經深深嵌印在自己的心智之中,就像在血管中流動的血液一樣,

完全無力改變,也不能改變,因此外在的居住環境無論如何都不重要,就算住在國外,自己也受到自己作為「中國人」的各種心裡限制而無法自拔,其束縛往往比住在中國還要來得深刻。

　　至於第二十八個問題,「中國未來的主人翁們是怎麼看待國與國之間的歷史?並且在中國創造經濟開放奇蹟後,是怎麼定位自己在未來世界上的角色與身份?」與其要問這個問題,不如把其中的主詞換成「台灣」,重要性比較大。台灣未來的主人翁如何看待國與國之間的歷史?並且在台灣創造經濟奇蹟後,是怎麼定位自己在未來世界上的角色與身分?我認為台灣就是台灣,事實上,不幸的是,台灣目前在國際社會上也只能是台灣,而不再是所謂的中國民國了。台灣今日要在國際社會上扮演一個重要的角色,除了金錢外交之外,也要有一個作為國家的尊嚴和胸襟,要走出自己的路,而不是中國做什麼、自己也匆匆忙忙地提出各種競爭的策略和本錢。台灣要提升自己的地位,就要彰顯自己的特色和個性,這方面固然要透過語言文化的翻譯,自己卻也要培養國際觀、世界觀。台灣就是台灣,中國就是中國,這兩個國家有其相同與相異之處,無須刻意加以強調或否定,只要自自然然地盡好自己的本份即可。

　　最後,關於第三十四個問題,「假設台灣的競爭力或與勝過中國的只剩下自認為的民主的話,台灣還可以從哪裡與中國做出區別或是勝過中國?」這個假設其實在很大的程度上已經成為事實了,中國對於所謂的民主,呼聲比台灣還要大,也採取各種實際或假裝的行動予以證明。在當今這個號稱民主的世界上,強調民主已經不流行了,台灣如果要和中國做出區別、甚至勝過中國,在政治經濟上比較困難,就不如從文化交流著手。走出台灣的路,展示台灣的光彩,表現台灣的個性,發出台灣的聲音。這一切,都需要翻譯人才,也需要政府有關單位的協助、以及社會大眾的配合。像吳先生的長子有這份志氣要成立一間「國際作家經紀公司」來「幫助中國作家進入台灣出版市場,幫助台灣作家進入中國出版市場,幫助華文作家進入世界出版市場,幫助外國作家進入中國(我在這裡加入「台灣」二字)出版市場」,就可以算是第一批台灣的

《為自己讀書》

傑出聲音之一,也期待吳先生能夠循循善誘、盡心盡力,和兒子一起奉獻於這個極有意義的心願和差事,給台灣的社會大眾做個榜樣。

——原載於 2010 年 6 月 26 日

《為自己讀書》

潔寧・雪珀的故事

　　潔寧・雪珀 (Janine Shepherd) 的故事讀起來就像一部好萊塢劇情片。一位傑出的越野滑雪選手，正在為參加冬季奧運而刻苦訓練。然而在她二十四歲的那一年，當她在澳洲新南威爾斯州著名的藍山風景區 (Blue Mountains) 進行自行車訓練的時候，被一輛卡車撞上了。這場意外從此改變了她的人生。

　　潔寧的頸子和背部一共有六個地方折斷，右手臂、鎖骨和五根肋骨也有斷裂。她的右腿整個撕裂開來，頭部和內臟也受到劇烈損傷。她的下腹部產生嚴重的血腫，整整流失了五公升的血。僅僅是大量而無法控制的內出血，就足以讓她死去。

　　醫生們警告潔寧的父母親，她可能活不成了。就算奇蹟發生，她僥倖活了下來，今後也不可能再走一步路。

　　面對自己的奧運夢想從此難全，潔寧拒絕接受醫學專家們的診斷。她不相信自己沒有活下去的機會，反而全心全意地專注於復健自己支離破碎的身體和心靈。

　　她的戰鬥精神因為藍天上飛過的一架小飛機而倍加振奮。「如果我這一生不能再走一步路，那就讓我飛吧！」她下了這個決心。而她就這樣飛了。全身裹在石膏模裡的潔寧，必須請人抬她上飛機，然而在她握住操縱桿的那一瞬間，她的人生再度改觀。

　　在短短的一年之中，潔寧拿到了私人飛機的飛行執照。儘管她依然半身癱瘓，面對無數肉體上的挑戰，她堅決地和生命搏鬥，繼續拿到了商用飛機的飛行執照、儀器飛行等級、雙引擎飛機飛行等級、以及飛行教官等級。她再接再厲，終於成為一位完全合格的特技飛行教官。

　　在此期間，潔寧強迫自己的身體儘快復原，推動自己的雙腿再度開始行走，儘管每一步都痛如刀割。雖然醫生們認為她不可能生育，她卻以為自己人生中最值得驕傲的成就，便是三個乖巧可愛的孩子。她同時

也完成了自己當年被打斷的大學體育學位。

潔寧勇於面對艱困而百折不撓的故事，足以震撼人心，更給人勇氣和信心。她最著名的自傳題名為《永不服輸》(Never Tell Me Never)，正足以說明一切。潔寧在那之後，受到澳洲大眾的熱烈支持和鼓勵，又推出了兩部作品：第二本自傳《振翅高飛》(Dare to Fly)，以及優美的省思錄《掌握星辰》(Reaching for Stars)。她的第三本自傳《自立天地》(On My Own Two Feet) 於 2007 年出版。

潔寧的故事是生存文學的典範，也是澳洲最暢銷的作品之一。《永不服輸》甚至於 1998 年改編成同名電影，由澳洲著名演員克勞蒂亞‧卡文 (Claudia Karvan) 飾演潔寧本人，闡述她從死亡邊緣歸來的傳奇。

今日的潔寧是澳洲最著名的勵志演講人之一。她經常奔波於澳洲國內外，和無數聽眾分享自己的人生經驗。

潔寧於 1998 年獲選為國際青年會議 (Junior Chamber International) 推舉的世界十大傑出青年 (Outstanding Young Persons of the World) 之一，更於 1999 年獲選為最有成就的澳洲人 (Australian Achiever)。她是澳洲民航安全局 (Civil Aviation Safety Authority) 有史以來最年輕、也是唯一的女性董事會成員，更是澳亞地區脊椎研究基金會 (Australasian Spinal Research Trust) 的贊助者，致力於協助醫學界找出治療脊椎損傷的最好方式。

潔寧於 2001 年因為長久以來貢獻於殘障事業和相關醫學研究，而獲得著名的「澳大利亞榮譽勳章」(Member in the General Division of the Order of Australia)。新南威爾斯州警界在聆聽她的演講之後，特別稱許她是「人生靈感的泉源，她令人嘆為觀止的一生反映出堅忍卓絕的內在精神，讓所有聽眾感覺到自己可以勇往直前，征服世界」。

潔寧敢於奮鬥的勇氣和毅力曾經感動過無數的澳洲人。她的生命，是對於人類不屈不撓精神的最佳見證，也足以振奮所有讀者。《永不服輸》是雪珀的第一本作品，於 1994 年出版，如今是澳洲無數高中生的必讀書籍之一，在國內外已經售出二十萬本之多。她在書中用平實誠懇的口吻說明了自己不屈不撓的心境，用自己成功的經驗和勇敢開創前程的

《為自己讀書》

決心,證明了「天下無難事,只怕有心人」這句老話,卻一點也沒有自得意滿的味道,只是像個老朋友似的娓娓道來。她特別希望透過自己的文字,激勵普天下的傷殘人士熱切面對自己值得奮鬥的生命,因為「這是我們之為人類所擁有的最偉大的自然資產,這也是我們每個人心中和體內都擁有的一股力量。找到這股力量,用心培養它,它就永遠不會背棄你」。

雪珀本人希望透過這本書的中文版,把自己的生命故事分享給所有的華人讀者,使不管是心障、身障者還是他們的家人和朋友,都能夠「全力實踐自己而過著使自己滿意的生活,進而發揮所有的、真實的潛力,讓你自己勇敢地追尋那些你從來沒有夢想過的目標,然後你才能獲得幸福」。

希望在不久的將來,雪珀的書能夠成為台灣所出版過的、最能夠振奮人心的作品之一。

——原載於 2010 年 9 月 16 日

《為自己讀書》

「盜譯」有道？

古今中外的出版界和文學界都是談盜（版）色變，最近卻在網路上看到一則很有趣的新聞，且在這裡介紹出來和大家分享。

澳洲有一位作家名為彼得・芒特福 (Peter Mountford)，於去 (2011) 年四月出版了一部名為「一個年輕人為時未晚的資本主義指南」(A Young Man's Guide to Late Capitalism) 的小說，廣受好評，後來也獲得今 (2012) 年的華盛頓州文學獎 (Washington State Book Award)。著名小說《我在雨中等你》(The Art of Racing in the Rain) 的作者賈斯・史坦 (Garth Stein) 特別稱讚這本書「聰明而富有娛樂性」，「在做為一本充滿精彩構想和政治話題的好書之餘，又能在本質上充滿人物個性的親密悸動，讀來爽快異常」。

《一個年輕人為時未晚的資本主義指南》這部小說敘述一個名叫蓋柏瑞 (Gabriel de Boya) 的年輕人專門操作投資基金，於 2005 年的時候被公司派到南美洲的玻利維亞，想趁當地舉行總統大選的時候上下其手，蒐集股市的內幕運作消息而大賺一筆。然而他在此同時必須照顧曾在智利受到皮諾契將軍 (Augusto Pinochet) 暴政迫害的母親，又愛上了總統候選人的媒體聯絡秘書，更在玻利維亞期間，親眼目睹了當地人民貧困掙扎的生活處境，因而思索起自己難道能壓榨這些可愛可敬的人民而中飽私囊的行為。

芒特福在出版這部作品之後，聰明地設下一系列網路機制，想看看有多少人對這本書進行搜尋。一年以來，他發現討論這本書的人越來越少，書名出現在拍賣網站中的次數卻越來越多，所謂的「為時未晚的資本主義指南」這個詞看起來頗有諷刺性，創作似乎並不能為作者賺進多少錢！

到了今年三月，芒特福驚訝地發現，網路上對於這本書的討論再度熱絡起來，主要是因為有一個自稱亞歷山大的網路使用者來自莫斯科，

《為自己讀書》

經常在幾個討論英文字詞使用的網站上向各界網友請教書中的字句應該怎麼解釋、翻譯才好。由於芒特福在這部小說中使用的字詞比較特殊，亞歷山大的母語又不是英文，因此看得頗為辛苦，許多自認擅長英文的網友便紛紛慷慨相助，大家腦力激盪，想為這本書找出一個合適的解讀方式。

芒特福覺得這件事很有意思，便經常上網探看，覺得亞歷山大這個人這樣喜愛他的書，真是令作者欣慰。沒想到有一天，一位網友建議亞歷山大乾脆純粹享受這本書的閱讀即可，何苦要字字句句地要求精解？亞歷山大竟然回答：「我也想享受呀，可是我正在為蘇俄的一家出版社翻譯這本書，所以非得弄清楚各種字詞不可。」

芒特福這下子大吃一驚，原來這是一個盜譯者！他在著名的《大西洋月刊》(The Atlantic) 網路雜誌上撰文說，根據他的了解，蘇俄的文學黑市甚囂塵上，特別是電子書，因為製作和傳播都十分容易。據說蘇俄讀者下載的電子書，有百分之九十都是盜版的作品。蘇俄的媒體管制機構更宣稱，當地人民有管道獲得超過十萬部盜版作品，國內真正經由合法管道出版且具有版權的作品卻只有六萬部。蘇俄國內外的出版界每年為了盜版問題，總要損失十億盧布以上的利潤。

芒特福當然希望蘇俄的兩家主流電子書出版社能合法地購買他的作品版權，然而在這部小說乏人問津的狀況下，他承認自己真的很希望讀者能接觸並喜愛他的作品，不管他們有沒有付錢。他同時因為蘇俄讀者依然有心閱讀，而足以讓當地的文學黑市興盛蓬勃，而感到無比欣慰。只要有人盜版，就表示有人還抱持著閱讀的慾望！

於是芒特福做了一個奇特的決定：他小心地觀察亞歷山大在網路上的發言，想為後者的盜譯助一臂之力。不管怎麼說，如果一部作品中的字詞生澀難解，又有誰比作者本身更能提供各種合情合理的解答呢？更何況，芒特福在觀察幾個月之後發現，亞歷山大雖然頗為勤懇地想翻譯這本書，他的英語理解能力卻實在令人擔心。如果亞歷山大竟然翻錯了什麼字句，即使是盜譯作品，對讀者來說也是一種損失，對作者而言更

是一件痛心疾首的事。

　　正當芒特福還在小心翼翼地試探，偶爾也忍不住用假名參與網路討論，提出一些回答和建議時，有一天，亞歷山大突然宣稱自己不翻譯《一個年輕人為時未晚的資本主義指南》了，而改為翻譯著名小說家丹尼斯‧勒翰 (Dennis Lehane) 的一本新書！芒特福這下子真是大失所望，痛哭流涕，他的作品竟然連盜譯者都不屑一顧！幸好到了七月，亞歷山大又重返「正途」，繼續翻譯芒特福的作品了。

　　所以芒特福終於痛定思痛，決定正面提出幫助亞歷山大的要求，而可想而知的是，亞歷山大在大吃一驚之餘，立刻消失得無影無蹤，頗讓芒特福失望了好一陣子。看到這裡，大家會不會覺得這個結局其實也不錯？作者終於能挺身而出，大力捍衛自己的作品版權，給那些海盜們一個教訓？

　　事實上，過了幾個星期，亞歷山大竟然回信了，讓芒特福又吃了一驚。芒特福說：「要幫助別人盜用我的作品，實在是一件瘋狂事，這我也知道，可是我實在不能克制自己，非得和他合作不可。我如今還是不知道他在為哪一家合法或非法的出版社翻譯，因為到現在為止，從來沒有人來洽詢過蘇俄版權。即便如此，我還是希望自己能看懂他的翻譯文字：我好想讀他正在讀的那本書呀！」

——原載於 2012 年 12 月 6 日

《為自己讀書》

請支持史蒂芬・金的〈槍〉

〈槍〉(Guns) 是著名恐怖小說作家史蒂芬・金 (Stephen King) 於今 (2013) 年一月二十五日透過美國亞馬遜網路書店 Kindle 電子書形式出版的一篇論文（請注意：是論文，不是小說）。這是作家本身對於日前在康乃狄克州紐鎮 (Newtown) Sandy Hook 小學濫射案的個人回應，也是對於美國各界呼籲控制槍枝行動的正面且公開的支持。

這篇論文才出版就登上了亞馬遜網路書店 Kindle 電子書排行榜的第一名，售價只有美金 0.99 元，大約相當於新台幣 30 元。這本電子書的所有收益都將作為支持美國控制槍枝法案的推動及相關宣傳之用，金本人不收分毫。他只希望能透過個人的影響力，呼籲美國大眾認清槍枝氾濫的根本原因，並支持對於槍枝的適度且有效的控制。

這篇論文分為六部份，文筆直接而不留情，和金的一般創作風格不同，在論理時卻十分犀利紮實，也顯示出作家在這個議題上絕對是先做過研究，同時多年以來眼見心思，感觸深切，這才不吐不快，因此在下筆時偶爾也有咒罵的文句，正是所謂的「愛之深，責之切」。

文章的第一部份寫美國多年以來的各種濫射事件，如何經過媒體報導、渲染，透過各界所謂的專家學者剖析，有心人士的呼籲控制槍枝，然後便是愛槍人士的大力關說，政客們的互相指責、卸責，最後則隨著其他新聞事件的發生而逐漸被一般大眾遺忘，只有那些受害者的家人依舊深陷在無限的苦痛之中。

在文章的第二部份，金回憶自己在高中時代寫的中篇小說 Getting It On，後來以理察・巴克曼 (Richard Bachman) 的筆名發表，改名為〈憤怒〉(Rage)。這篇小說的主角是一個飽受困擾的高中生查理・戴克 (Charlie Decker)，在家裡受父親控制，在學校被同學霸凌，最後帶了槍去學校，把全班同學當作人質，和警方對峙。

這個故事的重心其實不在於查理的發洩憤怒，而在於他和全班同學

（也就是全體人質）的互動，也不只是家喻戶曉的「斯德哥爾摩症候群」(Stockholm Syndrome) 一詞所形容的那麼簡單。高中生的心理誰能了解？面度持槍的查理，同學們從當初的懼怕懷疑轉變成同情了解，進一步鼓舞支持他的行動，到最後甚至痛毆一個名叫泰德・瓊斯 (Ted Jones) 的學生，後者平時是學校裡最受歡迎的人，也經常看查理不順眼。

〈憤怒〉這個故事發表之後，有四件高中生濫射案據說都受到其影響，濫射者甚至引用故事中的文句，因此引起金的警覺。他主動要求出版社回收所有的書，卻不認為自己像某些所謂的學者專家所說的那樣，有必要向社會大眾道歉，因為這四個濫射者原本已經有心理問題，一人住過政府經營的心理治療機構，第二人從小到大聽家人威脅自殺，第三人在學校受到霸凌，因此產生嚴重的迫害妄想症，最後一人則憎恨家人到希望他們死去的程度。

更重要的是，這四個高中生家裡都有槍，其中一人甚至輕鬆簡單地花美金四百元在鎮上的槍械用具店買了殺傷力極大的武器。以康乃迪克州小學濫射案而言，兇手萊恩・蘭札 (Ryan Lanza) 的槍是他母親買來放在家裡自衛的，他為了拿槍來殺人，甚至不惜把母親殺死。

金認為他的中篇小說並不是造成這些高中生和年輕濫射者心理有問題的原因，而是他們尋求發洩的一個方便的管道。作家認為這篇小說寫出了當前美國高中生普遍面對的適應困難，霸凌行為的氾濫，青春期的少年一般都有的自我懷疑、自卑自憐和沮喪，還有所有這些心理所造成的兩種憎恨：對自己的厭惡，以及對那些輕視欺侮他們的人的仇怨。

在〈槍〉這篇論文的第三部份，金把批評的重心轉為那些只會動嘴皮子、搶鏡頭、爭權奪利的政客，他們有如酒吧裡的一群醉漢，每個人都只在乎自己想說的話，不但不在乎別人到底在說什麼，反而處心積慮要證明別人都是錯的，自己才是真理。就美國的槍枝氾濫問題而言，康乃狄克州在這次濫射案中失去了二十六條生命，然而芝加哥在去年一年中就有超過五百人死於槍枝造成的謀殺，其中包括一百零七個孩子。這比該年死於阿富汗戰場的美國大兵數目還要多上兩百人，更不用說，這

些美國士兵都是自願從軍的，孩子們的死卻是無辜且可以避免。士兵戰死之後能夠光榮返鄉，然而那些死去的孩子卻就這樣輕易而方便地被社會大眾遺忘了。

　　金認為，對於槍枝販售的控制絕對必要，卻也不夠。正因為美國絕大部份的槍枝都還在非法買賣、攜帶、使用，對於這些非法人士的嚴格取締和處罰才能真正協助保障社會大眾的生命安全。金在論文的第四部份中進一步駁斥了愛槍人士所謂的「美國暴力文化」(culture of violence)的指控，他舉出去年最受歡迎的十部電視影集、十部電影和十種電腦遊戲為例，說明其中真正鼓勵暴力的作品其實極少，因此一般認為所有美國人每天沉浸在暴力中的俗見並不正確，甚至是惡意侮蔑。這裡有一句很值得翻譯出來的話：金認為「真正和美國文化有接觸的人都了解，美國人真正要的⋯⋯其實是百老匯的《獅子王》(Lion King) 音樂劇，電影《熊麻吉》(Ted) 裡的那隻滿口髒話的玩具熊，電視上的《男人兩個半》(Two and a Half Men) 影集，iPad 等平板電腦上的填字遊戲 Words with Friends，以及 Kindle 等電子書閱讀器上的《格雷的五十道陰影》(Fifty Shades of Grey) 小說」。要說所謂的「美國暴力文化」是造成濫射案的主因，就像香煙公司宣稱環境污染才會導致肺癌一樣荒謬無比。

　　金在論文的第五部份中分析了愛槍人士的心理：有人在車上貼標語說「要拿我的槍，就得從我冰冷僵硬的屍體手裡硬奪出來」(You will take my gun when you pry it from my cold dead hands)，卻根本不知道這句話本身就是一種矛盾。金認為許多愛槍人士認為自己必須堅持所謂的獨立自主——他們可以充滿愛心地救濟那些在自然災害中受苦受難的人，卻寧死也不肯接受別人的幫助。他們可以為濫射案中所有死去的孩子掬一把同情之淚，然後立刻提筆寫信給自己那一州的參議員和眾議員，宣揚自己持有槍械的權利和重要性。

　　金認為這是一種心理上的分歧，特別是那些宣稱自己擁有槍械是為了保護一己身家財產的人，他們認為整個社會就是一個可怕無比的恐怖地獄，隨時都有恐怖份子虎視眈眈，準備闖入他們家裡殺人奪財。既然

《為自己讀書》

　　如此,則裝設完備的保全系統是不是會比在家裡放上一大堆槍更有效?青少年和孩子們可以無知或有意地偷拿槍枝去用,卻動不了保全系統。更何況,美國每年總有上百件誤射案,都是因為持槍者誤把丈夫、妻子或孩子當作歹徒而下的手。

　　在〈槍〉這篇論文的最後一部份,金認為美國的槍枝買賣和持有必須經過適度和有效的控制,並不是不准民眾持有槍械,而是要在購槍時進行身份背景的查證,並且禁止殺傷力強大的攻擊性槍械的販售。他舉了澳洲控制槍械的成就為例:1996 年四月二日,澳州南方塔斯馬尼亞島的亞瑟港 (Port Arthur) 發生了一起令人驚駭無比的濫射案,兇手馬丁・布萊特 (Martin Bryant) 闖進當地的旅遊區餐廳進行濫射,之後更在外面的停車場四處追殺,最終殺死了三十五人,受到輕重傷的也有二十三人。這件案子震驚全國,在布萊特入獄服刑一千零三十五年(澳州沒有死刑制度)的同時,更由政府制訂了對於槍枝販售的禁止和控制法案,結果回收了將近六十萬件武器,更把全國因為槍枝而造成的謀殺案件減少了百分之六十之多!

　　透過這篇論文,金呼籲美國社會大眾一起踴躍發聲支持對於槍枝的控制,不是因為政府要立法這樣做,而是因為他們認為這樣做是正確而負責的行為。美國槍枝氾濫的問題一日不解決,像康乃狄克州小學濫射案的事例也會一再發生,更多無辜的生命會喪失,愛槍人士也會繼續執迷不悟。在這篇文章的最後,金提到:美國每天總有八十人死在槍下。

　　如果你也願意支持美國控制槍枝法案的推動及相關宣傳,請至亞馬遜網路書店購買〈槍〉這本電子書,或是在你自己的部落格和網站上呼籲各界親朋好友前往購買。一人只要美金一元,然而眾志成城,借用聖雄甘地的話:你我也可以「成為我們希望在這個世界上看到的改變」(Be the change you want to see in the world)。

——原載於 2013 年 1 月 29 日

《為自己讀書》

《悲慘世界》中的壞骨頭

現在才來寫《悲慘世界》(Les Miserables) 不但是慢半拍，更有放馬後炮的感覺，然而最近看到張系國先生的大作〈悲慘世界的詼諧歌曲〈媽的黑店好〉〉，不禁捧腹大笑，也再次興起了進一步觀察這個故事中看似詼諧而又手段毒辣的黑店夫婦的念頭。（「媽的黑店好」是張先生為〈酒店主人〉(Master of the House) 這首歌所做的翻譯，考慮到歌詞的內容和唱歌人的身份，以及對於字音和音節數的考量，這翻譯真是再恰當也不過了。）

其實，網路上至目前為止寫過《悲慘世界》影評和觀後感的各界才子才女不知道有多少，卻極少有人寫泰納第夫婦 (M and Mme Thenardier) 這對活寶。我自己把他們的名字翻成「善得利」，因為他們就是這樣一副死要錢的樣子，也懂得運用各種心機和手段達成自己的目標。

善得利夫婦在原本的音樂劇中戲份極高，也有著串聯劇中各個人物和場景的重要地位，他們的寡廉鮮恥更足以襯托其他角色的深刻或單純，而在其他角色經歷生死轉折、悲歡離合的折磨之餘，也只有善得利夫婦能夠安穩順利地生存下去。可惜的是，他們在電影版《悲慘世界》中只淪為詼諧逗趣的兩個角色，獻唱時四周令人眼花撩亂的佈景與動作更剝奪了他們歌詞中的深意，因此這對夫婦的狡詐陰沉沒有機會獲得充份展現，整部電影對人性的刻劃也因此少了一個重要的環節和對照。

在音樂劇中，善得利先生自誇是鎮上最好的酒店主人，善於投機取巧，佔顧客的便宜。他隨時都可以打躬作揖，插科打諢，和人嘻嘻哈哈地勾肩搭背，逢迎示好，在酒店中維持一股歡樂友善的氣氛。他「最喜歡幫朋友的忙，不花錢就能當好人，但是每一樣事物都有標籤，你要是不付出也不會得到回報」。他在酒裡摻水，賣餐點的時候偷斤減兩，胡亂充數，趁客人不注意的時候動手動腳偷東西，什麼人都不放過。我最喜歡的一段歌詞描述他把馬腎貓肝等雜七雜八的東西都加在一起絞碎，

然後做成「牛肉」香腸給客人吃。這比《水滸傳》裡的孫二娘賣人肉包子似乎又深刻了一層，畢竟要賣人肉包子就得殺人，人死了就不能付錢，而善得利夫婦的財源卻總是滾滾而來。

善得利先生在音樂劇中得意洋洋地誇耀自己賺錢的本事：一般住宿的價格公道合理，卻總有一些小名堂來讓客人掏腰包付額外的錢。「房間裡有蝨子要收費，有老鼠也要加錢，客人多照幾次鏡子就要收小費，就這樣東摸一把，西撈一筆，客人晚上睡覺時把窗子關上則更得趁機要錢。」這樣的小錢儘管微不足道，累積起來卻也相當可觀，也難怪善得利先生興高采烈地吹噓，他的客人也多半以為他是「窮人的奴僕，富人的侍應，安撫者，哲學家，足以當作一生一世的好朋友」。

而善得利夫人在音樂劇中一開口就唱，她曾經以為自己會嫁給一個白馬王子，如今卻落得這副下場，丈夫花言巧語，逢迎諂媚，其實卻是個偽君子一般的癩蛤蟆，更是個無可救藥的酒鬼。然而碰到尚萬強 (Jean Valjean) 來領養珂賽特 (Cosette)，夫妻兩人同流合污的本事就顯出來了，這個說他們把小女孩當成心肝寶貝，那個說小女孩老是生病，身為基督徒怎可坐視不顧，然後兩人趁機大敲一筆，根本不管珂賽特的死活。

善得利夫婦到目前為止的惡行都很「普通」，只怕也是一般人所可以容忍的「小惡」，然而畢竟是他們教養出叛逆不羈的愛潘妮 (Eppenine) 和街頭頑童蓋若許 (Gavroche)，後者兩人也在學生們的起義事件中扮演了極重要的角色。如果不是善得利先生起意要搶劫尚萬強，珂賽特和馬瑞厄斯 (Marius Pontmercy) 也不會暫時分離，愛潘妮也不必淋著雨去送信，因而唱出那首動人心弦的〈形單影隻〉(On My Own)。最重要的是，如果不是善得利先生在下水道裡偷取死難學生們的財物，他也不會知道尚萬強救了馬瑞厄斯的性命，而在一切事過境遷之後，也是他起意敲詐勒索而終於透露了這個秘密，進一步告知馬瑞厄斯和珂賽特，年老病弱的尚萬強究竟躲在哪裡。

善得利先生在下水道裡唱的那首〈狗咬狗〉(Dog Eats Dog) 也許是整齣音樂劇中最「動人」的歌曲之一，這不是因為這首歌多麼真摯優美，

而是它令人毛骨悚然，寒心徹骨，對於人性竟然可以如此下流卑劣而感到悲涼。他在下水道裡拔死人的金牙，一面嘻皮笑臉地向對方道歉，在這「鼠類橫行的陰溝裡，和地獄只有一線之隔，你會習慣那股臭味，因為總得有人要來清理這些屍體，那些躺在路邊的死人，因為整個社會已經天翻地覆，法律和公義被拋到腦後。總得有人來整理這些瑣碎財物，算是對於公眾的一種服務，這些人已經死了，他們的物品卻都值錢呀！這些小小的收穫，總不能讓它們埋沒在陰溝的爛泥裡，或是那成渠的血流之中」(Here among the sewer rats, a breath away from Hell, you get accustomed to the smell. Well, someone's got to clean them up, my friends, before the little harvest disappears into the mud. Someone's got to collect their odds and ends when the gutters run with blood.)。善得利最終坦承：「這是一個狗咬狗的世界，人們可以為了街邊的白骨而互相殘殺，而神明只會在天堂裡無動於衷，袖手旁觀，因為神明早已僵死。我抬頭望向蒼天，卻只看見一輪滿月，那象徵收穫的滿月低頭看著我，似乎還在鼓勵我盡量搜刮！」(It's a world where the dog eats the dog, and they kill for bones in the street. And God in His Heaven, he don't interfere, 'cause he's dead as the stiffs at my feet. I raise my eyes to see the heavens, and only the moon looks down – the harvest moon shines down!)

我覺得這首歌沒有能在電影裡出現，實在可惜，因為善得利先生的冷血無情是絕對重要的，在他的襯托之下，所有其他角色的存在都顯出了基本的些許善性。善得利夫婦的邪惡在於他們沒有羞恥之心，因為他們習慣了自己的惡行，使得別人的欺善怕惡似乎都成了有理由的無心之舉──例如那些欺侮芳婷 (Fantine) 的女工，那些硬要她割頭髮、拔牙齒、出賣肉體的妓女和老鴇們，他們的羞恥心因為現實環境的逼迫而退讓到內心深處，每個人都必須生存，因而不在乎把別人踩在腳下。那些曾經支持學生們的民眾，在軍隊開拔進城的時候狠心棄他們不顧，同樣是因為每個人都必須生存，所有的榮譽、希望、野心、願景、尊重和友愛都可以拋到腦後，只能在事過境遷之後出來擦擦地上的血跡，為死難的學

生一掬同情之淚，就算是盡到人事了。

　　音樂劇和電影是兩種完全不同的藝術媒體，因此硬要比較哪一個版本的《悲慘世界》比較優秀是沒有意義的。有鑑於兩種不同的媒體在表現同一個故事的時候各有優缺，如果讀者想更進一步了解故事本身，或許從多種不同的角度來觀察剖析還是有必要的。最近在《紐約時報》中文網上看到《悲慘世界》電影在中國大陸叫好不叫座的報導，主要是因為這部電影改編自音樂劇，又維持了唱作俱佳的表演形式，因而讓當地觀眾難以適應云云。可惜的是那些不愛電影版的觀眾錯失了一個接觸好故事的機會，不愛音樂劇版的觀眾更錯過了幾段深刻異常的歌詞。

——原載於 2013 年 3 月 17 日

《為自己讀書》

張翎《金山》的剽竊爭議

俗諺說「嫁出去的女兒有如潑出去的水」，這句話應用在旅居加拿大的中國作家張翎的長篇小說《金山》一書上，真是貼切得很。這本書在中國得了一連串的獎，賣出了電影和電視版權，英文版權由台灣經紀人售到全世界至少十二個國家，其成就至今還是各界津津樂道的對象，但是《金山》同時在中國和加拿大因為涉嫌「剽竊」而引起軒然大波，卻不見一向消息靈通的台灣媒體和文學界有任何討論。

《金山》一書於 2009 年八月在中國出版，繁體中文版於 2010 年三月在台灣推出，其在張翎的居住國加拿大的版權由企鵝出版社 (Penguin Canada) 買下，經過英國譯者 Nicky Harmon 女士一年多的翻譯，英文版於 2011 年十月推出。然而在這本書最初出版後，中國各界便掀起了這本書「剽竊」一系列加拿大華人作家英語作品的爭議，消息傳至加拿大後，令這幾位作家大吃一驚，在與企鵝出版社交涉不果之後，於 2011 年十月正式向加拿大法院提出告訴。

關於此案的爭議，最顯著的部份在於張翎的《金山》「剽竊」諸如鄭藹齡 (Denise Chong) 的《姨太太的孩子們》(The Concubine's Children)、李群英 (Sky Lee) 的《殘月樓》(Disappearing Moon Café)、崔維新 (Wayson Choy) 的《玉牡丹》(The Jade Peony)、以及余兆昌 (Paul Yee) 的《鬼魅列車》(Ghost Train)、《死者的金子》(Dead Man's Gold and Other Stories) 和《收骨人之子》(Bone Collector's Son) 等作品。由於這四位都是赫赫有名的華裔加拿大作家，寫的作品都奠基於其先輩做為華人移民在加拿大掙扎生存、吃苦受難的往事，一旦他們認為有人「剽竊」了他們的作品，受到的衝擊和所產生的憤怒情緒自然也不同凡響。

值得注意的是，這四位華裔加拿大作家都不能閱讀中文，他們的作品也幾乎沒有中文翻譯，因此他們自己和一般讀者都沒有辦法確認張翎的《金山》是否真的「剽竊」了上列多部作品。在《金山》於中國推出

《為自己讀書》

簡體中文版後，網路上便開始流傳一個據說是「加拿大學者」的指控，這位身份不明的人士隨即被張翎的支持者攻擊得體無完膚，至少一位著名且確實為學者的加拿大華人更被指認為「始作俑者」，而遭到一連串惡毒的攻擊、辱罵、毀謗、乃至於對其孩子的死亡威脅。在此之後，網路上陸續出現了據說是確實比較過《金山》中文版和上列多部英文作品而提出的諸般證據，證明前者確實「剽竊」了後者的多種內容細節，但是提出這一系列證據的人又因為網路上擁張、反張兩派的激戰而不敢負責，導致整件案子目前還是疑雲重重。

也許有人會說，找個公正公開的第三者來詳細比較這幾本書的內容，一切爭議不就解決了？更何況《金山》現在出了英文版，要比較起來不是更方便嗎？這個問題的關鍵在於，在企鵝出版社買下《金山》的英文版權後，上述四位華裔加拿大作家聯名請出版社嚴肅看待這件案子，出版社隨即請《金山》一書的英文翻譯Harmon女士自己來做比較，她研究了幾個星期，終於做出「沒有剽竊」的結論。企鵝出版社隨即聲明，認為《金山》和上述多部作品在情節上確實有類似之處，但是那算是一般華人移民在海外共同而普遍的經驗，因此不能稱為「剽竊」。話雖然這樣說，企鵝出版社卻又拒絕公開Harmon女士的結論報告，故而讓原本難解的案情更加撲朔迷離。

那麼，張翎的《金山》涉嫌「剽竊」的內容到底是什麼呢？首先是鄭藹齡的《姨太太的孩子們》書中有一個中國女人嫁給加拿大的華人移民當妾，在一家酒館當女侍來養活丈夫遠在中國的元配和子女，而《金山》一書也有這樣一個角色。在余兆昌的《死者的金子》一書中，有一個勤勞的農場主人因為不肯在金錢上支援愛賭博的親戚而遭到後者的妒恨，而《金山》一書裡也有這樣一個角色。在余兆昌的另一本書《收骨人之子》中，有一個華人少年為一對白人夫婦幫傭，被人欺負的時候由女主人出面救援，而《金山》一書裡也有這樣一個角色。

以上這些情節類似之處，確實都可以解釋為「一般華人移民在海外共同而普遍的經驗」，這是熟讀海外華人歷史和當前許多海外華人作家

《為自己讀書》

作品的讀者與論者所能肯定的。過去到海外出勞力賺錢的許多華人移民不肯或不能把一家大小搬遷到海外，在異鄉卻又孤單寂寞，因此娶妾，而這些夢想著嫁到海外過好日子的女性又得吃苦耐勞以養活丈夫留在中國的妻子和眾多子女親友，這是不爭的事實。海外華人移民之間更經常有摩擦，同宗族的親朋好友可以為了錢而反目成仇，乃至於進行兇殺報復，也是不爭的事實。至於有華人為白人幫傭，甚至和白人發生關係或結婚離婚，更是不爭的事實。

然而在崔維新的《玉牡丹》一書中，有一個華人移民在加拿大當廉價勞工修築鐵路的時候救了白人工頭一命，自己卻因傷致殘，兩人後來成了好友，華人移民後來也從工頭的家屬那裡得到經濟上的報償，而《金山》一書裡也有這樣一個角色，如果要解釋成「一般華人移民在海外共同而普遍的經驗」，就有些離奇。更不用說，在李群英的《殘月樓》一書中，有個年輕的華人移民在危難中受到一個加拿大女人的救助，她本身是一半華人、一半原住民的血統，身穿獸皮，在年輕華人移民發高燒的時候細心呵護，而《金山》一書裡也有這樣一個角色和相同的細節，如果同樣要解釋成「一般華人移民在海外共同而普遍的經驗」，則更是令人難以置信。

我自己在 2010 年七月讀完《金山》這本書的時候，也在〈金山的誘惑〉一文中提到，「在這本書的後半部也看得到其他作家的身影，譬如方得法的兒子錦山必須靠在酒館當招待的妻子過活，字裡行間就出現了加拿大華人作家丹妮絲・鄭（即鄭藹齡）的那本著名的《姨太太的孩子們》書中的美英 (May-ying)；方得法的女兒錦繡在廣東省開平縣教書時受到日軍士兵蹂躪的那一幕，也讓人看見了中國作家莫言筆下的那片『紅高粱』」。我同時提到，「到了這本書的後半部，作者試圖從各方面書寫加拿大華人歷史的企圖也逐漸明顯，因為嘗試太過，所以有些生澀不足，磚砌的痕跡也很常見。……像這本書描述方家第二代的兩個兒子在加拿大生長求職、尋愛生根的過程，在幾處地方便有些輕率牽強。」這是單純做為一個讀者的感覺，卻並非沒有海外華人遷徙與發展歷史研究

上的認知和根據。

綜觀這整件案子，值得各界讀者和論者注意的有三點。首先是所謂「剽竊」的定義和其在不同文化社會中的普遍認知。「剽竊」除了字句的抄襲之外，是否應該包括對於作品主題、情節、結構、文字、人物、乃至於人物的性情和經歷的借用？如果把其他作品中的特色拿來重新排列組合，創造出全新的作品，則是否算「剽竊」？這個問題，不單單是加拿大和中國的讀者與論者在認知上有極大的差異，即便是在兩地的文學界、學術界和法律界之間，只怕也有不同之處，更不用說是網路上的議論紛紛了。

因此，要真正判斷張翎的《金山》是否「剽竊」了上述多部作品的精華，首先就得對「剽竊」進行準確的定義，然而不論這定義由誰提出，要獲得加拿大和中國、乃至於全世界其他地區所有讀者和論者的認可與遵守，卻是一件不可能的事。不如說，這件案子如今既然已經在加拿大進入法律程序，到時候便只有加拿大法院能做出判決，牽涉在此案中的作家、翻譯和出版社到時候也必須遵守此一判決。至於其他不涉案的人會不會接受此一判決？到時候只怕又會掀起一場網路上的腥風血雨。

其次便是各界讀者和論者對於此案的判斷，如果真要找出所謂「剽竊」的證據，只怕非得由具有公信力、且熟悉中英雙語的人士來徹底研讀牽涉到的所有作品，才能說出個是非道理。當前張翎受到指控，主要是因為她寫的是中文作品，涉嫌「剽竊」的卻是主要以英文創作而不懂中文的華人作家，這些在海外出生成長的華人作家的作品卻又極少有中文翻譯，因而絕大多數不懂英文的中文讀者不可能有比較《金山》和上述多部作品的機會。尤有甚者，這些不懂中文的海外華人英語作家請企鵝出版社調查此一「剽竊」問題，出版社又偏偏不請外人，反而找了《金山》本身的英文翻譯來擔此重任，調查報告出來之後又不肯公開，只是一味否認並逃避各界的詰問，也難怪這些作家要鬧上法庭。

這其中同樣牽涉到《金山》的英文翻譯 Harmon 女士和企鵝出版社本身對於「剽竊」的定義，然而更重要的是作品的普遍性，也就是一部作

《為自己讀書》

品要怎麼樣才能達到廣為人知的地步，這牽涉到作者本身的創作能力，出版社的推廣能力，翻譯的文字能力，更有讀者的閱讀能力。在中文和英文的創作、出版與閱讀夾縫中，偏偏就冒出一部像《金山》這樣難以讓人比較的作品，英文的作者難以控訴，中文的讀者難以判斷，置身事外的各界人士努力叫囂怒罵，真正有能力置身事內、也有能力和管道協助裁決的各方面卻又因為怕事、貪利或其他因素而避重就輕。總的說來，真是好一團混亂！

也許身為讀者的我們最有興趣、卻也最值得驚心警惕的，便是我們可以接受一部作品到什麼樣的地步，我們可以因此而熱血沸騰、生死相許，或是對其痛恨有加、非置其於死地而後甘心，到頭來又可以多麼容易地因為他人嚴肅或輕忽的評論而改變我們自己的看法。網路時代也是民主的時代，但是民主的陣痛期就是一般人以為自己當家作主，因此可以騎到別人頭上，把和自己意見不同的人都死死地踩在腳底下才開心，這種跋扈的作法可以把目標捧上九霄雲端，卻也可以把對方打下十八層地獄，永世不得超生。張翎的《金山》固然是一例，那些支持或反對這本書、以及被別人誤認為支持或反對這本書的人，也是一例。

網路時代的閱讀已經不再是私密的個人享受，取而代之的是公開的分享和評論，儘管人人都有評書論書的自由，不容置疑的是，大部份的人在這方面的素養和水準還有待提昇。愛書的人不應該當網路怪獸，閱讀也不能成為宣戰決鬥的武器。許多話在現實生活中既然因為基本的道德規範而不能出口，就不應該利用網路匿名的機會大肆宣洩，乃至於對他人造成傷害。謹以張翎的《金山》涉嫌「剽竊」一案與所有的讀者共勉，希望人人都讀好書，心平氣和地討論好書，可以理直卻不必氣壯，寧可打筆戰也不要進行死亡威脅。

——原載於 2013 年 4 月 16 日

《為自己讀書》

愚蠢的死法

我是屬於「後知後覺」的那一種人，因此時常「自我感覺良好」，在許多事情早已大紅大紫許久之後才發現它們，然後驚為天人，眉飛色舞、敲鑼打鼓地誇張聲勢一番，卻不知道自己連大驚小怪的反應都比別人慢了三拍。

最近在旁聽電視節目的時候（因為沒有時間看電視）才知道〈愚蠢的死法〉(Dumb Ways to Die) 這首歌。當時只聽見看電視的人不論男女老幼都在哈哈大笑，之後也不斷談論、模仿（有點像大家在知道南韓歌手 Psy 的〈江南 Style〉(Gangnam Style) 這首歌之後的反應），不禁好奇心起，卻又一直拖到兩個星期之後才真正上網查了這首歌，實在是比龜行的速度還慢。

這一查之後不禁感嘆不已：原來這首充滿童稚之心的可愛小歌是澳洲墨爾本市的鐵路運輸公司 Metro Trains 為了鼓勵社會大眾注重鐵路運輸安全而製作的。這一類的課題屬於「大家都知道要小心注意，也都以為自己夠聰明而不想再被大眾媒體囉嗦」那種，就像「飲酒不開車，開車不飲酒」、「吸煙過量，有害健康」之類的主題，許多人縱使聽過了千萬遍，還是心存僥倖，一意孤行，非得等到「一失足成千古恨」，到時候再來「再回頭已百年身」。因此該鐵路運輸公司決定改變訴求方式，希望卡通裡這些可愛小人兒的呆蠢行為能夠喚起一般大眾的注意。

而他們也確實成功了：這首歌的錄像於去 (2012) 年十一月十四日登上 YouTube，在兩天之內就獲得二十五萬次瀏覽，在第三天結束的時候獲得四十七萬次的瀏覽，兩個星期之後的瀏覽數則高達兩百八十萬。根據今 (2013) 年八月的統計，瀏覽數已經高達五百五十萬，至本文寫作為止的瀏覽數則是六百一十萬！

這樣一首小歌，短短三分鐘的錄像，為什麼能在網路上掀起這樣大的熱潮？也許是因為歌詞中的黑色幽默被那些死得淒慘而依然興高采烈

的小小卡通人物給淡化了；也許是因為即使是三歲小孩也可以在卡通中學到這些愛護生命的簡單教訓，而太多的成年人卻依然呆蠢到隨時隨地拿自己的生命開玩笑；也許生死一類的重大議題只有透過單純簡短的卡通和輕快俏皮的音樂才能真正發人深省；也許我們的生活都已經嚴肅繁忙複雜到只有三分鐘的時間來領悟關於生命的重要道理——其實也就只有六個字而已：珍惜你的生命。

有趣的是，這首歌在今年二月在俄羅斯被禁，理由是「歌詞包含各種自殺方式的描述，例如服用過期藥物，站在鐵路月台邊緣，擅闖鐵路平交道，服用黏膠等等。動畫裡的人物運用足以吸引兒童和青少年的喜劇方式展現極端危險的自殺方式，諸如『躲在乾衣機裡』和『這個紅色按鈕是幹啥的？』一類的歌詞更有吸引觀眾做出這些行為的誘力。」

儘管如此，根據鐵路運輸公司的統計，在 2011 年十一月到 2012 一月之間，擅闖平交道的危險事故的發生頻率高達平均每十萬公里的鐵道就有十三點二九次，在這首小歌發行之後，在 2012 年十一月到 2013 年一月之間，類似危險事故發生的頻率已經降到九點一七次，降幅足足有百分之三十。這表示社會大眾確實對這個問題有所警醒，然而不幸的是，為了節省幾分鐘時間而願意冒生命危險闖越平交道的呆蠢之徒依然大有人在。以墨爾本市所在的維多利亞州為例，平均每三個月就有二十五到三十件行人和車輛擅闖平交道的意外事故。

不知道人類什麼時候才會學到教訓。

謹在此把這首小歌的歌詞翻譯出來，和各界讀者分享，也請大家有空的時候花個三分鐘，到 YouTube 去看看這些可愛而呆蠢至極的彩色小人兒（網址在此：http://www.youtube.com/watch?v=IJNR2EpS0jw），共同把注重安全的訊息傳出去。

〈愚蠢的死法〉

點火燒自己的頭髮

《為自己讀書》

用樹枝戳野熊
服用過期藥物
用你的隱私部位當食人魚的餌
愚蠢的死法，這世界上有太多愚蠢的死法

用叉子拿出機器烤好的麵包
自己動手做電工
自己學著開飛機
吃一個足足兩星期都沒有冷藏的肉派
愚蠢的死法，這世界上有太多愚蠢的死法

邀請失心瘋的殺人狂來作客
在毒販的新車上刮一刀
在外太空除下氧氣頭盔
玩捉迷藏的時候躲在乾衣機裡
愚蠢的死法，這世界上有太多愚蠢的死法

養一條響尾蛇當寵物
在網路上把兩個腎臟都賣掉
吃一管黏膠
「不知道這個紅色按鈕是幹啥的？」（引爆核彈）
愚蠢的死法，這世界上有太多愚蠢的死法

在打獵的季節裡打扮成麋鹿
沒事就去惹一窩馬蜂
站在鐵路月台邊緣
開車闖越平交道已經放下的柵欄
任意跑過月台之間的鐵道

《為自己讀書》

這幾句話不押韻，卻依然是
愚蠢的死法，愚蠢的死法，
這世界上有太多愚蠢的死法

——原載於 2013 年 10 月 11 日

《為自己讀書》

象牙塔裡的作家？

　　強納森・法蘭岑 (Jonathan Franzen) 是這兩年來才為華人讀者所熟悉的作家。他的長篇小說《修正》(The Corrections) 於 2001 年在美國出版，當時就被著名的「歐普拉閱讀俱樂部」(Opera's Book Club) 選為傑出作品，更獲得該年的美國圖書獎最佳小說 (National Book Award for Fiction)。到了 2005 年，這本書被《時代雜誌》(Time Magazine) 選為一百部最好的英語小說之一。

　　法蘭岑於 2010 年出版了《自由》(Freedom) 這本書，同樣被歐普拉相中，連美國總統歐巴馬 (Barack Obama) 也特別閱讀，兩人都稱讚其是一部不可多得的傑作。這本書讓法蘭岑成為《時代雜誌》(Time) 的封面人物，並被譽為一位「偉大的美國小說家」(great American novelist)。也許正因為這種殊榮，《自由》很快地於 2011 年出了繁體中文版本，而之前更有成就的《修正》也終於在 2012 年出了繁體中文版本。

　　然而，在許多人心目中，法蘭岑不僅因為其文學成就而出名，更因為他對於新科技和大眾媒體的種種批評而廣為人知。比方說，法蘭岑的小說《修正》於 2001 年被歐普拉相中時，他公開表示自己希望這本書能吸引更多的男性讀者，因為他聽說「歐普拉閱讀俱樂部」的選書都是專門給女性讀者看的，歐普拉因而取消了邀請他上節目對談的計畫。儘管他後來對自己的說法感到抱歉，卻一直要等到 2010 年的《自由》出版之後，他才再度受到歐普拉的邀請。

　　除此之外，他在 2012 上旬也公開說明自己在創作的時候從不上網，更懷疑任何上網的作家有能力寫出好作品。他認為紙本書才能表達出作家的認真和作品的價值，特別是作品的永久性 (permanence)，能使讀者在五十年之後依然求知若渴，追求永遠不變的價值。法蘭岑認為電子書沒有這種永久性，透過螢幕顯現的文學作品也總是讓人有想要刪除、改變或移動的感覺，因此認真的讀者都一定會堅持讀紙本書。

《為自己讀書》

　　最重要的是，法蘭岑認為科技和資本主義的結合會使我們的社會失去控制。特別是網路和傳播媒體造成的資訊斷片和碎裂化 (fragmentation)，沒有任何中心性和共通性的共識和承諾，只有億萬種足以讓人分心的噪音，所有真實、現實和誠實的聲音都因此而逐漸消失。他尤其反對推特 (Twitter) 一類的社交媒體網站，認為它們不負責任，讓人惱怒無比，不僅僅是因為一百四十個字元不足以呈現任何事實或有效的論辯，更因為他認為推特的用戶都是多嘴而長舌的人 (yakkers)。他認為臉書 (Facebook) 只是人們自導自演的電影，是人們用來自我陶醉的鏡子，用滑鼠輕輕一點就能確認自己的優越。

　　法蘭岑的這些看法當然引起許多其他作家、讀者和論者的忿忿不平。有人覺得法蘭岑只要專心寫作，把其他事情都丟給出版者和公關人士處理就好，他當然不必在乎自己在讀者心目中的形象，更不用像許多默默無名的作家那樣，必須透過社交媒體來推廣自己的作品，並和其他作家、讀者和論者保持聯誼。在這些人心中，法蘭岑在功成名就之後，顯然忘記了成功之前的那段旅程有多麼艱辛。

　　如今法蘭岑又因為公開批評亞馬遜網路書店的出版模式而引起眾說紛紜，他把亞馬遜的創始人和總裁傑夫・貝佐斯 (Jeff Bezos) 比擬成《聖經：啟示錄》中分別代表瘟疫、戰爭、饑荒和死亡的「四騎士」之一，對文學和文化的發展將會造成災難性的影響，又說亞馬遜的出版模式只鼓勵那些善用社交媒體的多嘴、饒舌而浮誇不實的人 (yakkers, tweeters and braggers)。他認為貝佐斯只想讓所有的文學作品都靠作家獨立出版或透過亞馬遜出版，所有的讀者在選擇文學作品的時候也都只依賴亞馬遜所提供的書評，連作者都得盡力自我推銷，才能獲得讀者的信任。然而亞馬遜同樣也讓人花錢購買五星級的書評，這樣的一種文學世界只會對作者、讀者和論者造成嚴重的損害和打擊。

　　「然而那些一心只覺得這些多嘴、饒舌和浮誇不實的行為只是膚淺無比的社交行為，因此而成為作家的人呢？還有那些只想透過個人對個人的方式，在安詳而永恆的文學世界裡進行深入溝通的人？還有那些在

《為自己讀書》

出版業依然有品質控制，文學聲譽也並非奠基於自我推銷音量大小的時代進行創作的作家們，以及熱愛這些作家的讀者呢？」法蘭岑的問題在於，這些人怎麼辦？他們在亞馬遜網路書店一手建構的世界裡可沒有生存的餘地。

「在所有的噪音、令人失望的書籍和虛假的書評之間，讀者將不再能找到任何認真的作家。」由於亞馬遜網路書店的出版模式只圍繞著網路推廣、讀者回饋和持續不斷的暢銷排行更新，法蘭岑預言作家的前景只能像倉庫裡的粗工一樣，工作勤奮卻得不到回報，更沒有工作上的安全保障，因為唯一提供工作機會的倉庫就只有亞馬遜一家。

可想而知，法蘭岑的這番批評又在網路上引起一陣攻擊和議論，儘管許多人的意見都有些見怪不怪的感覺，可能對這位作家的驚人言論已經相當習慣了。最有趣的是著名的印裔英國作家薩爾曼・魯西迪 (Salman Rushdie) 的回應，他舉出包括加拿大作家瑪格麗特・愛特伍 (Margaret Atwood) 和美國作家喬伊斯・卡羅爾・歐茨 (Joyce Carol Oates) 在內的幾位當代重要作家為例，簡短地用推特說了一句：「親愛的法蘭岑，我們都覺得推特還好嘛。盡情享受你的象牙塔吧。」

附註：截至本文寫作為止，法蘭岑的《控制》紙本書平裝版售價為美金 12.23 元（約新台幣 353.24 元），在亞馬遜排行榜上名列第 9,672 名，電子書則售價為美金 12.01 元（約新台幣 346.88 元），在排行榜上名列第 63,021 名。他的《自由》紙本書平裝版售價為美金 6.40 元（約新台幣 184.85 元），在亞馬遜排行榜上名列第 15,282 名，電子書則售價為美金 5.52 元（約新台幣 159.43 元），在排行榜上名列第 29,699 名。

——原載於 2013 年 10 月 7 日

《為自己讀書》

失聰作家的世界

今年的墨爾本作家嘉年華 (Melbourne Writers Festival) 於八月二十二日至九月一日舉行。在琳瑯滿目的各種和文藝創作有關的活動中，我特別注意到其中一項關於「失聰作家」的演出。

我們一般對於聽障人士的印象都免不了大量的手語，有時候是手語翻譯人士站在重要場合的發言人身邊比手畫腳，有時候則是手語歌舞的表演，看起來清麗多姿，觀眾卻依然能在欣賞手語和舞技的時候聽見背景的音樂和歌聲。聽力正常的人往往很難理解失聰人士的世界——無論是長久的寂靜還是極細微的背景靜電聲，都不是我們這些慣常於對各種大小噪音充耳不聞的人所能深切體會的。

澳洲作家 Phoebe Tay 本身失聰，也是失聰兒童的特殊教育老師，她在 2010 年參加了一場創作研討會，透過澳式手語 (Auslan) 和一群同樣熱愛創作的聽障人士進行了交流。這次研討會的成果是一場名為「聾人之眼」(Through Deaf Eyes) 的演出，這也是失聰作家第一次在澳洲獲得正式而廣大的關注。參與這場表演的作家們用手語把自己的故事表達出來，再由一旁聽力正常的人士翻譯給觀眾聽，這讓觀眾有機會進入失聰作家的世界，而不是單純地讓聽障人士透過文字爭取讀者的注意力。

Tay 認為每個作家在創作的時候都會呈現出自己眼中的獨特世界，作家的世界觀也會受到其成長環境、文化背景、自身的各種正面及負面的經歷、甚至各種有形和無形的偏見所影響或塑造。失聰作家也是如此：他們自己對於人生的體驗就是他們的創作基石。

對於失聰作家來說，創作的一個難題是如何表達作品中各個主角人物的溝通，這種交流本身和有聲對話有同樣的功效，卻又不是實際的對話，而更結合了手語運作、面部表情和身體姿態，因此在文字中就不能單純地用引號呈現對話內容。

另一個難題則在於如何把手語轉變成正式的語言，因為澳式手語和

《為自己讀書》

國際上其他各種通用的手語一樣,都是屬於空間性的語言,而不是像書寫文字那樣呈現線性發展,因此在文法、斷句、乃至於文句結構上都有完全不同的表達方式。

考慮到這兩個難題,Tay 認為,失聰作家在和出版社合作的時候絕對需要有熟悉聽障世界的編輯。與其要特意尋找具有這方面經驗的編輯,不如訓練現有的手語翻譯人士和編輯合作,以便於在編輯過程中正確地表現出失聰作家的思緒和心念。失聰作家在創作的過程中同樣可以和手語翻譯人士並肩努力,共同把手語的概念完整而正確地表達為普通的書寫文字。

和一般聽力正常的作家相比,失聰作家的優勢在於他們能充份運用視覺,因此對於周遭人事物的所有細節極為敏感而重視。由於他們聽不見,在溝通的時候對於語言之外的各種交流都能比一般聽力正常的人更能慷慨接納,在敘事的時候也更為細膩而深入。他們看見的是一般視力正常的人所無心忽視或刻意選擇不去理睬的東西。

失聰作家的作品展現出無窮的挑戰和挫折,特別是他們在人群中產生的那種隱形的感覺。一般聽力正常的人往往因為禮貌的尊重或有意無意的歧視而避免和聽障人士交流,這讓後者感到無所適從,進而退縮到自己的世界裡,儘管他們除了聽不見聲音之外,其實和一般人並沒有什麼不同。

Tay 認為失聰作家能協助一般聽力正常的人了解聽障人士的世界和文化,進一步明白他們的需要,消除各種不必要的誤解和偏見。失聰作家同樣也可以透過閱讀聽力正常作家的作品而了解這個世界的慣用溝通方式,幫助他們更有效率地和整個社會互動交流,也能更多元而全面地參與各種活動。

創作的本質在於協助讀者體會另一個世界,因此失聰作家和聽力正常的作家正好可以互相體會彼此的處境和優勢,努力而耐心地消除各種溝通交流方面的問題,避免誤解的產生。我們總是說,最好的文學聲音值得被聽見,這對於失聰作家和聽力正常的作家而言都是一樣的。如今

《為自己讀書》

失聰作家的世界足以被更多的人看見和聽見,這對他們來說,便是最重要的成就了。

——原載於 2013 年 11 月 13 日

《為自己讀書》

「如何讓世界懂你？」談「中國式科幻」

華人世界的兩大導演，李安和張藝謀，最近在美國的柯柏高等科學藝術聯盟學院 (The Cooper Union for the Advancement of Science and Art) 舉行了一場對談，題為「中國的電影，中國的自信」，兩人在此期間也不免彼此恭維一番。張藝謀最近的作品是電影《歸來》，改編自華人作家嚴歌苓的小說《陸犯焉識》，讓李安看了非常感動。張藝謀也謙稱他有意模仿李安過去拍電影的風格，例如《推手》和《飲食男女》，「要返璞歸真，希望還原到人的故事上，關注人」。

這段對談經過中美媒體報導，兩方面的著重點自然也不一樣。中國「新浪讀書」的報導引了張藝謀針對「好萊塢與中國電影市場」而請教李安的一段話：「把中國人的某種觀念和中國人的方式放到電影當中，說起來很容易，但是常常會被要求為這是一個給全世界人看的電影，很多中國人的觀念，中國人的細節，全世界不一定懂，你是怎麼做到的？」

美國的《紐約時報》(The New York Times) 就比較簡潔，在報導中描述張藝謀「提到了他的這位同行在亞洲和美國市場同時取得的不尋常的成功」。結尾只有一句話：「他（張藝謀）非常認真地問（李安）道：『你是怎麼讓這個世界懂你的？』」

「如何讓世界懂你？」是一個非常重要的問題，至少在當前的中國是如此。當前的中國不再是一個「崛起中的大國」，而是如習近平在巴黎演講時所描述的「已經醒來的睡獅」，等不及要吼叫幾聲，讓全世界聽聽它的宏亮嗓門。美國作家馬克·羅林格 (Mark Reutlinger) 在其於 2012 年出版的科幻小說《中國製末日記》(Made in China) 中很清楚地指出了這一點：

「儘管美國所消費的產品幾乎都來自中國，連美國本土唯一剩下的少數生產所用的機械設備也是由中國製造，中國在所有人眼中依然是一個次等的政治勢力——至少……總書記和他在黨裡面的支持者都是這麼

想的。他們認為中國沒有得到應有的尊重，美國在大家心目中卻一直是個偉大而強盛的國家。他們的看法是，沒有中國，美國人就會一無所有，沒有電腦和電視，沒有汽車，甚至沒有東西可吃，到最後只能到退到原始狀態。然而美國人依然把中國當成第三世界國家看待。」（頁八一至八二）

「……這整個計畫的構想只是想給美國和其他西方國家一個教訓：中國現在是個重要的強權國家了，美國必須卑躬屈膝地主動來找中國，向中國請求協助，而他們不用多久也會這樣做的。而在此期間……西方國家的勢力明顯減弱，基本上只是勉力生存，中國就可以趁機利用這種情勢來加入並掌握各個重要的國際性組織。……總書記的最終目標是讓中國在這段短暫的混亂期之後脫穎而出，成為其他國家在每一項重要的國際事務上都必須小心打交道的世界領袖，不僅是在未來幾年，更要是千秋萬代。」（頁九十）

說到科幻小說，其實正是這篇文章的討論重點。早在 2012 年九月，《紐約時報》中文網就刊登了中國科幻作家陳楸帆的〈科幻世界中的大國崛起〉一文，文中提到該年在芝加哥舉辦的世界科幻大會，引用中國科幻迷 Tiberium 說：「從這次科幻大會的與會者來看，西方科幻書寫已經衰落了，到場的大半是大叔大媽爺爺奶奶級別人物。中國科幻到場的全都很年輕，他們指望我們呢……現在他們對中國科幻非常有興趣，『因為所有的事情在同時發生』，我們是未來。」連兩位美國華裔作家劉宇昆 (Ken Liu) 和余麗莉 (E Lily Yu) 分別獲得了 2012 年雨果獎（Hugo Award，見下）的最佳短篇故事獎和坎貝爾最佳新作者獎，都要被中國代表評語一句：「談到目前華裔科幻作家在美國越發受到重視，劉慈欣認為這是一個很有趣的現象，『我覺得，與其說東方的科幻作者受到重視，不如說美國的科幻正在衰落』。」

陳楸帆同時舉出兩部著名的中國科幻作品為例，說明中國「大國崛起」的豪情壯志並非無稽空談──首先是韓松於 2011 出版的《火星照耀美國》，其次是劉慈欣於 2006 年開始在中國的《科幻世界》雜誌連載、

至 2012 年完全出版的《三體》三部曲。前者透過「中國圍棋代表團作為世界第一強隊」而想像 2066 年的衰退後的美國，後者則被譽為「單槍匹馬將中國科幻文學提升到世界級的水平」，理應「拿下雙獎毫無壓力（指的是世界科幻／奇幻文學的最高獎項，雨果獎和星雲獎 (Nebula Award)）」。

的確，隨著《三體》三部曲的英文版權被美國最大的科幻／奇幻出版社 Tor 買下，預定於今 (2014) 年十月以 The Three Body Problem 為名上市，中國科幻界再次沸沸揚揚。有人說，「中國式科幻」的特點在於「帶有鮮明的中國特色」，「受到中國歷史文化的影響和啟發」，「可以說，和西方科幻不同的是，中國和華裔科幻作家的思維方式，是中國的，博大的中華文化為他們的科幻，烙上了有別於西方科幻的鮮明烙印」。還有人說，「或許什麼時候等到莫言和鐵凝開始寫科幻小說了，中國科幻的春天就真的到來了，中國式科幻就能夠在強手如林的世界科幻界佔有舉足輕重的地位了」。更有人說，《三體》一旦翻譯成英文，「打入美國科幻文學界是一個馬上就可以實現的現實」：

「美國是世界科幻文學的中心，世界科幻文學市場百分之八十到九十的份額都在美國，科幻電影就更大了。中國的科幻佔世界科幻的份額多少呢？可能只有百分之一。作為一個沒有什麼科幻傳統的國家，《三體》能打入美國市場這件事本身，就已經是一個巨大的成功，這比我們出口了多少雙皮鞋更有深遠的意義。從《三體》入手，我們將……探討這場百分之一挑戰百分之九十的戰鬥成功率有多少。」

因此，或許我們可以說，「中國式科幻」就這樣被賦予了「征服世界」的戰鬥性任務，如何寫出「帶有鮮明的中國特色」、「受到中國歷史文化的影響和啟發」的科幻作品，也因此成為中國科幻作家的重責大任，自己努力不夠，還硬要把華裔美國科幻作家劉宇昆和姜峰楠 (Ted Chiang) 也算成中國人。的確，沒有劉宇昆這個美國科幻文學界的新星來進行翻譯，「中國式科幻」根本走不出中國，因為翻譯是最大的問題；一如陳楸帆所說，「如果不是雙重母語的人才，基本上無法將中文小說

微妙複雜的文筆轉換成地道的英文表達方式」。

所以我們就得出了「如何讓世界懂你？」的第一個答案，也就是翻譯。要讓世界讀懂，當然要用世界的語言創作，而且還要有「地道」的表達方式。我們當然知道「世界」不只是美國，但是中國面向世界的時候很少把其他國家看在眼裡，只一心一意把「美國」等同於「世界」（或謂「西方」），因此我們當然也只能勉勵中國努力培養中文翻譯英文的人才，或是多多發掘並收歸願意推廣中國作品的美國華裔作家。

至於「如何讓世界懂你？」的另一個答案，我們想建議的是和語言息息相關的文化，以及文化的表達方式。比方說，中國的《春城晚報》最近刊出一篇〈中國式科幻〉，舉出科幻作家錢莉芳、劉慈欣和劉宇昆來說明「中國式科幻」應該如何「帶有鮮明的中國特色」並「受到中國歷史文化的影響和啟發」，進一步「將科學幻想和中華文化完美地……融合在了一起」。以劉宇昆獲得雨果獎最佳短篇故事獎的〈手中紙，心中愛〉(The Paper Menagerie) 為例，劉慈欣認為這篇作品「其中充滿了東方文化的色彩，比如倫理、價值觀、母親對孩子的責任等等」，更稱讚他「作為華裔的作者，對中國文化與西方文化都比較熟悉，使得他造就出一種不同於美國主流科幻的風格」——「他的小說把東方文化與科學幻想結合得很好」。

且不論「中華／中國文化」和「東方文化」是否能等同為一，所謂的「倫理、價值觀、母親對孩子的責任」是否單純為中華／中國／東方文化所有，就值得商榷。我們認為，與其說只有中華／中國／東方文化具有這種內容而透過科幻作品追求並引起了所謂「西方文化」的重視和肯定，不如說這是全世界本已擁有並長久分享的內容，也是「全世界都懂」的內容。進一步而言，與其說劉宇昆以一篇「充滿東方文化色彩」的短篇故事獲得了世界科幻／奇幻文學的最高獎項，不如說他在作品中寫的是「全世界都懂」的基本人性，因而受到了「全世界」的肯定。當然，劉慈欣的評語——「在推崇邏輯與理性的科幻界，東方人細膩的情感讓西方讀者耳目一新」——並非沒有道理，但我們何嘗不能說，細膩

的情感本來就是「全世界懂得」的東西？難道娥蘇拉‧勒瑰恩 (Ursula K. Le Guin) 和朵麗絲‧萊辛 (Doris Lessing)、乃至於馬格麗特‧愛特伍 (Margaret Atwood) 的情感就不細膩？

反觀錢莉芳作為「中國當代歷史科幻文學的代表作家」，其於 2004 年出版的《天意》以楚漢爭霸為背景，寫韓信的心路歷程，「主要基於《史記‧淮陰侯列傳》，通過對伏羲氏、彭祖、九鼎的傳說，以時間機器、外星人等科幻話題為空間展開」，2012 年出版的《天命》則以漢武帝時代的蘇武為背景，探討商周文化的秘密。這兩部作品在中國當然是「引起國內科幻界的轟動」，但是我們要問，這樣「帶有鮮明的中國特色」並「受到中國歷史文化的影響和啟發」，進一步「將科學幻想和中華文化完美地……融合在了一起」的科幻作品，能不能輕易地「讓世界懂你」？我們在這裡當然要尊敬錢莉芳的成就，但是那些夢想以「中國式科幻」來打「這場百分之一挑戰百分之九十的戰鬥」的人，要嘛就不要以這一類的作品「打入美國科幻文學界」，要嘛就得請最優秀的美國華裔作家來進行翻譯，並加上無限的註解，才能讓全世界的英語讀者真正了解韓信和蘇武在中國歷史與文化發展過程中的意義，以及這兩個歷史人物對於全體中國人的深切影響。

因此，我們想建議的是，「中國式科幻」真的想要吸引更多的英語讀者，首先就得去除這「中國式」三個字，而純粹以「科幻」兩個字進行努力。這又帶我們回到了陳楸帆的論述：「中國科幻界……與其抱著大躍進般在數年內趕美超英的雄心壯志，不如從最為基礎的工作做起。」我們先把他的話在這裡打住，因為所謂「最為基礎的工作」，在中國就是對於科幻的定義。中國的科幻小說究竟能不能獨立於兒童文學、科普文學、奇幻文學和玄幻文學？或者我們應該說，中國的科幻小說有必要和這些其他的文類有所分別嗎？中國科幻作家心目中的讀者是誰？為誰而寫？也許正如「科幻文學館」書系主編成全在〈後《三體》時代——中國科幻圖書出版的初步考察 (2011-2013)〉一文中所說的：「什麼時候出版商願意打著『科幻』兩個字招攬生意了，才能說這個類型的文學完

成一次大眾認知的突圍。」

　　最後，讓我們再回到陳楸帆的話：「……先用優秀的中文短篇作為敲門磚，打開西方讀者及媒體的封閉視野，逐步增加雙向交流的力量，最終輸出經典，在英文科幻世界的疆域中建起屬於中國的橋頭堡。」這段話的背景有兩個，一是「中國所面臨的這種『不對等』」，也就是「（美國）出版社不願意額外多出翻譯費，而最根本的原因是因為『美國人不看翻譯小說』，即便是風頭正勁的少數族裔或移民後代題材小說，絕大部份也是直接用英文寫作」；另一則是陳楸帆引用中國科幻作家郝景芳所言，世界科幻大會的熱情西方聽眾對於中國科幻作品的關心，「與其說是關心中國科幻，不如說是西方關心中國政治。另一方面，觀眾很關心中國的科幻小說市場有多大，翻譯作品銷量如何，這與其說是關心中國科幻，不如說是關心他們的作品進入中國能賣多少冊」。

　　這依然是以中國和美國／西方對立的角度來看事情，強調兩者之間的「不對等」——一方面認為美國／西方讀者「視野封閉」而不接受中國科幻，一方面又認為美國／西方作者只是一心想打入中國市場而實際上並不關心中國科幻的發展。這本身確實是一種「不對等」的想法：中國已經是「大國崛起」了，所以美國／西方的讀者和作者都應該對中國科幻表示尊重，主動了解，而不只是想賺中國的錢。這種想法同樣也沒有考慮到文化交流的對等、互敬和坦誠——中國作家如果不寫出（或寫不出）「全世界懂得」的科幻作品，而單純強調「中國式科幻」如何能「征服世界」，那麼當然也無法獲得世界的理解；與此同理，中國作家如果拒絕與世界作家交流，截長補短，彼此學習，那麼就算有無比的自信、才華和成就，也是無用。

　　陳楸帆強調「文化與價值領域的輸出」，不如重視「文化與價值領域的互動」。如果中國作家只如他所說，「依然固守在各自的孤獨星球，僅僅通過想像力來構建對方，互相誤解、美化或妖魔化，用語言和意識形態來完成新的征服」，那麼「如何讓世界懂你？」這個問題也就無解了。

《為自己讀書》

——原載於 2014 年 4 月 7 日

《為自己讀書》

平裝書如何改變美國出版業

　　1939 年的美國，失業率高達百分之二十，汽油一加侖只要美金一毛錢，一張電影票也只要美金兩毛錢。約翰・史坦貝克 (John Steinbeck) 的《憤怒的葡萄》(The Grapes of Wrath) 於四月出版，立刻成為暢銷書，一冊精裝本卻要美金兩元七毛五分錢，實在是相當貴。當時的美國出版界普遍相信讀者只願意買精裝本。

　　然而過了兩個半月，一切都改觀了。《紐約時報》(The New York Times) 刊出了一則廣告：「今（六月十九）日出版：全新的口袋書將會改變紐約的閱讀習慣。(Out Today: The New Pocket Books That May Transform New York's Reading Habits.)」刊登廣告的人名為羅伯特・迪葛拉夫 (Robert de Graff)，他在西蒙與舒斯特 (Simon & Schuster) 旗下成立了「口袋書」(Pocket Books) 出版集團，希望能把價廉物美的書籍推廣到美國市場。

　　口袋書的概念並非於美國原創。早在 1931 年，德國的信天翁圖書社 (Albatross Books) 就推出了用不同顏色識別的平裝版本，英國的企鵝出版社則於 1935 年將之改進，一年之中就印售了一百萬冊。迪葛拉夫把口袋書的概念帶到美國，由於是膠裝而非線縫，這樣的平裝書在製作上可以大量壓低成本，進而減低售價。他相信，只要透過適當的管道推廣銷售，讀者會願意購買這樣的書。

　　美國最早的十本口袋書以每冊美金兩毛五分錢的價格出售，首印量每本一萬冊，封面左上角還印了一隻可愛的袋鼠，標榜「口袋」的理念。這十本平裝書主要都是通俗文學，其中包括詹姆斯・希爾頓 (James Hilton) 的《消失的地平線》(Lost Horizon)、阿嘉莎・克莉絲蒂 (Agatha Christie) 的《羅傑・艾克洛命案》(The Murder of Roger Ackroyd)、艾蜜莉・勃朗特 (Emily Bronte) 的《咆嘯山莊》(Wuthering Heights)、塞繆爾・巴特勒 (Samuel Butler) 的《眾生之路》(The Way of All Flesh)、莎士比亞的五大悲劇等暢銷作品。

《為自己讀書》

　　這十萬本平裝書在一星期之內全部售出，其受歡迎的程度著實令美國出版業眼界大開。迪葛拉夫的考量是，傳統的精裝書平均每本只印一萬冊，成本約為每冊美金四毛錢，銷售管道卻只限於主要位於大城市的五百多家書店，讀者的需求和購買程度自然不大。反觀企鵝出版社在英國的營運，選的都是暢銷作品，且在火車站、百貨行等人潮擁擠的地方銷售，僅僅在第一年就賣出了三百萬冊專門針對「大眾市場」(mass market) 的平裝書。

　　這裡的關鍵當然是印量。迪葛拉夫知道，只要他能印出十萬冊平裝書，就能把印刷成本壓低到每冊美金一毛錢。儘管如此，如果這十萬冊作品賣不出去，一切也都是枉然，因此迪葛拉夫想出一個策略，專門把平裝書推廣到傳統銷售管道之外的地方。他和雜誌經銷商合作，把「口袋書」放到書報攤、地鐵站、藥房、以及其他郊區和鄉間缺乏書店的地方。更重要的是，迪葛拉夫不認為平裝書的設計應該限於歐洲知識份子熟悉的單色高雅封面設計，除了出版社的商標之外就空無一物；反之，他的「口袋書」封面設計採取大膽鮮豔的色彩和圖案，果然吸引了眾多讀者的眼球。

　　即使「口袋書」暢銷無比，慣常製作精裝書的許多出版社依然不認為專門以一般大眾為推銷對象的平裝書有多少前途。儘管如此，他們不介意把平裝書的版權賣給迪葛拉夫——就算是向他證明這一切到最後都會是徒勞無功也好。與此同時，「口袋書」每售出一冊平裝書，這些傳統書版社就能得到美金一分錢的版稅，並與作者平分；「口袋書」本身也能獲得美金一分錢的報酬。

　　到了 1944 年九月，「口袋書」已經賣出了一億冊平裝書，美國讀者可以在超過七萬個銷售點上找到價廉物美的暢銷作品。這樣的成績終於說服了傳統出版社，他們對迪葛拉夫的成見有所改善，也更願意和他合作。

　　在迪葛拉夫成立「口袋書」的同一年，企鵝出版社也在美國成立了分支機構，主要進口英國的暢銷作品。這些平裝書的封面極為精簡，除

了傳統的企鵝商標之外就是書名和作者的名字，實在不討美國讀者的歡心。然而在第二次世界大戰期間，英國企鵝出版社對美國分支的控制逐漸減弱，從英國進口的作品也日益稀少，美國企鵝出版社趁機開印自己心儀的作品，同時添加各種封面圖案設計，力圖和「口袋書」競爭。

戰爭結束之後，英國企鵝出版社不滿美國分支機構的「浮濫」作業，當下撤換其主管，另覓新人，然而新上任的負責人也抱持同樣的「浮濫」意見：多采多姿的封面設計足以吸引大量的美國讀者，畢竟後者「遠比英國讀者基本，除非經過完美的包裝和銷售，否則他們連最好的產品也不屑一顧」。

此時的美國開始出現各種平裝書出版社，英國企鵝出版社也終於在 1948 年放棄美國的分支機構，轉由他人經營平裝書的出版。美國的各家傳統精裝出版社紛紛加入平裝書出版的陣容，畢竟連名作家喬治‧歐威爾 (George Orwell) 都說平裝書「具有極高的價值」。等蘭登書屋 (Random House) 旗下的班騰出版集團 (Bantam Books) 達成每月出版四本新書、每本首印量二十萬冊、且所有書籍都被讀者搶購一空的佳績之後，諸如史坦貝克的《憤怒的葡萄》和史考特‧費茲傑羅 (F. Scott Fitzgerald) 的《大亨小傳》(The Great Gatsby) 一類的暢銷作品就已經變成美金兩毛五分錢的廉價平裝書了，比原本美金兩元七毛五分錢的價格少了整整十倍！其他出版社應該如何才能迎頭趕上？

到了 1940 年代末期，又有出版社推陳出新——原本只是精裝書出版社「順便」推出平裝版本（也就是將版權轉賣給平裝書），現在卻出現了原始的平裝本（也就是跳過精裝版本，直接以平裝書的形式呈現）。這項新措施的提議立刻引起大批作者和其他出版社的抱怨——作者當然不想以每冊美金兩毛五分錢的價格賣出自己的精心作品，許多精裝書出版社更想保持當時的營運模式，每次賣版權給平裝書的時候都可以獲得百分之五十的版稅收入。

然而從 1950 年二月開始，這項新措施的倡議者佛賽出版社 (Fawcett Publications) 在短短六個月之內賣出了超過九百萬冊的暢銷作品，頓時吸

引了大批通俗文學作家加入其行列,特別是驚悚、西部和羅曼史一類的作品。儘管如此,所謂的「嚴肅」或純文學作家依然堅守精裝書的陣容,書評人對平裝書也不屑一顧,大多數的書店拒絕合作展銷,連許多大學和各級學校也還堅持用精裝書。

到了 1953 年,所謂的「一般平裝書」(trade paperback) 出現了。這種版本比專門針對大眾的平裝書正式一些,主要選擇的也是持續暢銷、已經絕版且貴得半死的精裝書,因此立刻在大學和高中校園裡引起轟動。這些一般平裝書具有精心製作的封面,顯然和那些廉價通俗的大眾平裝書不同,因而能吸引自命清高的「知識份子」。尤有甚者,一般平裝書的首印量多半在兩萬冊左右,每冊售價則在美金六毛五分錢到一元兩毛五分錢之間,出版社更和書店合作,因而在十年之間贏得了全美國百分之八十五的書店老闆的歡心。

時間推進到 1960 年,各式各樣的平裝書的銷售利潤終於超過了精裝書。同樣也在這一年,平裝書的美國創始者「口袋書」正式在股票市場上掛牌,基本上把平裝書提升到主流地位。精裝書當然沒有就此消失,畢竟書迷們還是願意花大錢以精裝的形式保存自己心愛的作品。比方說,在 2010 年,喬治・馬汀 (George R.R. Martin) 的《權力的遊戲》(A Game of Thrones) 精裝書每冊還是可以賣到美金三十二元的高價,大眾平裝書每冊則只賣美金八元九毛九分錢。

今日的美國出版社普遍注重精裝書和平裝書,所謂的「口袋書」如今更出現了新的版本——電子書——因而再次改變了美國大眾讀者的閱讀習慣。透過亞馬遜 (Amazon.com) 和其他網路書店,出版社推銷作品的管道從紙本到電腦、再進一步轉移到足以到處趴趴走的各種平板電腦和電子書閱讀器,甚至包括各種智能手機。迪葛拉夫當年的夢想終於獲得了完美且徹底的實踐:只要是有口袋且有心的人,果真都能盡情讀書了。

——原載於 2014 年 5 月 4 日

《為自己讀書》

與你共乘：雪梨人質挾持事件側記

　　雪梨是澳洲最大的城市，因此昨天（十二月十五日）上午十點左右的人質挾持事件著實震驚了全澳洲以及全世界。這個僻處南半球的多元文化社會近年來不免受到各種國際政治、經濟、軍事、科技、文化、宗教、環保乃至於意識形態等浪潮影響，進一步產生互動和省思，因此澳洲人雖然在日常生活中增加了不少危機意識感，碰到這種人質挾持的暴力恐怖事件時，仍不免人心惶惶。

　　事發整天都有各式各樣的新聞追蹤報導，傳統媒體和網路社交媒體齊頭並進，在相當大的程度上互相影響，而網路社交媒體又有更明顯的即時性，因而有甚囂塵上的趨勢。政府單位和警方當然迅速做出應對，然而在這整件事的媒體反映過程中，值得一提的是傳統媒體展現出的專業水準，在警方和歹徒交涉期間恪守職業道德，不洩漏歹徒訴求、人質數量等重要資訊，不臆測歹徒身份，不以追逐驚悚煽情為目的而編造或鼓吹任何莫須有的細節。

　　而在網路社交媒體方面，在這人人都是「公民記者」的「自拍」年代，不免有夸夸其談之士以一己之（偏）見發表各種言論。這些人沒有受過新聞專業訓練，其言行可能造成兩種負面影響，一是阻礙或妨害警方策畫行動，二是影響或引導一般公眾意見。尤其是後者，特別是意識形態方面的話題，在相當大的程度上足以把少數人的狹隘看法「誇張」成具有「主流」地位的假象。

　　在自由民主的社會裡，網路社交媒體沒有所謂「話語權」的獨裁和控制問題，有的只是發言者的自發自律和彼此監督，以及網路公民對於一己的素質要求。這也就是為什麼推特 (Twitter) 上的 hashtag「與你共乘」(#illridewithyou) 在一夜之間引起全球關注的原因。有鑑於少數人的無知喧囂足以造成深刻更長久的損害，更多人不再沉默，而願意挺身而出，盡一己之力展現出和平、和諧、互助的澳洲精神。這是一種典型的

《為自己讀書》

澳洲草根精神。

所謂的「與你共乘」運動始於一個澳洲平凡女子在火車上看見一個回教婦女解下自己的頭巾,不希望在雪梨人質挾持事件的敏感時刻,在公共場合因為自己的宗教性服飾而引起有心人士充滿種族偏見的攻擊或侮辱。這個澳洲女子見狀便上前支持:把頭巾戴回去吧,我陪妳走一段路。回教婦女落下淚來,緊緊擁抱她好一會兒,這才獨自離開,頭也昂得高了一些。

在那之後,推特上隨即有更多的澳洲人發聲:這是我要搭乘的火車或公車時刻表,如果有誰需要支持,就請聯絡我,我願與你共乘,並肩同行。在短短一天之內,「與你共乘」成為推特上最流行的口號,引起全世界的迴響。這充份顯示,宗教或種族偏見雖然無所不在,絕大多數人卻都彼此尊重,互助鼓勵,寬諒容忍,追求和平。他們在當前動盪的世界局勢中默默地以平凡人的身份生存,但是他們已經厭倦了沉默,厭倦了自以為是的政客和自我標榜的言論人士以他們的名義發聲。他們在此刻站出來傳達自己的心聲:我們都是一家人,我支持你。我們的聲音也許不同,但我絕對擁護你發聲的權利。

多元文化的精神在於接受並尊重彼此的不同,這是大家都了解的事實。但是很少有人注意到多元文化的基礎,也就是不同的社群共同承認並遵循同樣的語言、法律和道德標準,這樣的社會才能和諧運作。這次雪梨人質挾持事件雖然以兩條無辜生命的損失而落幕,卻幫助全澳洲、乃至於全世界肯定了一個早已存在的事實:不要以為沉默就是軟弱,也不要以為偏執可以戰勝公理。身為回教徒沒有什麼好害怕的,因為我們都是同一列火車、同一輛公車裡的乘客,為了追求更好的生活而並肩努力。該害怕的是那些具有宗教或種族偏見的人,因為他們不容於當前社會,正如黑暗在光明之前無所遁形。

——原載於 2014 年 12 月 16 日

《為自己讀書》

談「錯」

英文部落格 Voices under the Sun 中文版開張第一篇文章就以「錯」為主題，聽起來似乎有點自打嘴巴，但有時候一早起來，心中就反覆迴響著某一首歌或某個旋律，卻是一種身不由己的樂趣。比方說，這天我腦中滿是「優客李林」的成名作《認錯》：「怎麼才能讓我告訴妳，我不願意教彼此都在孤獨裡忍住傷心，我又怎麼告訴妳，我還愛妳，是我自己錯誤的決定。」

且不說凡人如你我經常懵懂到不知道自己犯錯，就算真的知錯，恐怕也忙碌到沒有時間認錯改錯的地步。在此同時，是錯是對由誰判定，當然是問題關鍵，但就算以自己的標準來判定自己錯了，硬著頭皮死不認錯的也大有人在，這就在於個性問題了。一天到晚忙不迭道歉賠禮的人，經常會被看作軟腳蝦，而一路倔強到底、頭殼比彈殼還硬的人，有時候也確實值得尊敬。

特別是講到情愛關係，古今中外不變的真理是：犯了錯也有理，而且理直氣壯，心甘情願，奮不顧身，至死方休。如果借用金庸大師的一系列作品來說，我們在文學和音樂中看到的多半是「張無忌」、「楊不悔」一類的人物性格，《神鵰俠侶》中的楊過被眾人指責錯愛師父小龍女，也是滿心不服氣地回嘴：「我沒錯！我沒做壞事！我沒害人！」總之是一句：「我知道自己沒錯，你不信就打死我好啦。」再講到《倚天屠龍記》裡的虛竹犯了淫戒，竟然贏得美人歸，段譽愛王語嫣也算是愛錯了，最後卻是傻人有傻福，王小姐也同樣發現自己愛錯了人，為時尚未晚矣。貴為聚賢莊少莊主的游坦之就沒有這麼幸運，愛錯了阿紫，一輩子苦命，而阿紫又錯愛了喬峰，這一筆糊塗帳，算起來還真是糊塗。

古典文學中，經常有書生錯把妖魔鬼怪當人愛的故事，明明是自己有眼無珠，錯了之後生命垂危，也總是有哪方高僧道士出面解救，要不是除妖降魔，就是妖魔為了愛情而自我犧牲，這種皆大歡喜豈不被今日

的女性主義者罵死。再說《牡丹亭》中的杜麗娘明知自己愛上的只是夢中人，卻還朝思暮想到生病的程度，祝英台苦苦等不到梁山伯，最後只能往他的墳墓裡跳。元稹《會真記》裡的崔鶯鶯愛上張生之後又被他「知錯能改」而拋棄，結果被王實甫在《西廂記》中為了給張生「改頭換面」而安排兩人終成眷屬，讓人看了忍不住拍案大罵。倒不如《警世通言》裡的杜十娘，在發現自己愛錯人之際，寧可抱著一箱金銀財寶跳江自殺，感覺起來還有骨氣些。

說真的，古典文學中的男性大多在犯錯之後有改過或獲得救贖的機會，女性則多半是容忍退讓犧牲奉獻的角色，弄不好還一輩子被壓在雷峰塔下面，或是一年只能橫渡銀河和愛人見面一次。這在現代音樂中又不一樣，我們固然有林憶蓮的「愛上一個不回家的人，等待一扇不開啟的門」，王菲的「我願意為你被放逐天際，失去世界也不可惜」，或是黃鶯鶯的「你是我最痛苦的抉擇，為何你從不放棄漂泊」，卻也有張學友的「妳知不知道，我等到花兒也謝了」，陳昇的「把我的悲傷留給自己，妳的美麗讓妳帶走，從此以後我再沒有快樂的理由」，以及李宗盛的「忘了我就沒有痛，忘了妳也沒有用，將往事留在風中」。流行音樂中的痴情男女比比皆是，也難怪這些好歌值得琅琅上口。

寫到這裡，讓人感到好氣又好笑的是，先前為了這個「錯」字而上網查資料，心裡想的明明是陸游的《釵頭鳳》：「東風惡，歡情薄，一懷愁緒，幾年離索，錯！錯！錯！」頭號搜尋結果卻是兩首都題為「錯錯錯」的歌，第一首的男聲對女聲抱怨：「錯錯錯，是我的錯，熱戀的時候怎麼不說，生活的無奈我已好困惑，妳能不能不要再囉嗦，最好沉默。」第二首則更怨天尤人：「如果說最後，宜靜不是嫁給了大雄，一生相信的執著，一秒就崩落。這是開玩笑吧，妳在幽默，快告訴我，全部都搞錯。」這未免也太直白了，難怪人家不愛他。若是文質彬彬、含情脈脈地吟誦納蘭性德的那首《采桑子》：「而今才道當時錯，心緒淒迷，紅淚偷垂，滿眼春風百事非。情知此後來無計，強說歡期，一別如斯，落盡梨花月又西。」且不說對方又會回頭來愛他，迷死他的人更會

《為自己讀書》

大排長龍也不一定。

　　想來想去，芝麻與龍眼的那首歌還是有理：「每個人都錯，錯在自己無保留，輕易讓愛上心頭。動不動就說愛我，誰又量過愛多久，才能當作一生的承諾。」要堅持「路線正確」就不要戀愛，要愛就不要怕錯，要錯就不要怕改，要改就不要回頭。像鄭愁予的經典名句：「我達達的馬蹄是美麗的錯誤，我不是歸人，是個過客。」多麼瀟灑！

——原載於 2019 年 6 月 3 日

www.ingramcontent.com/pod-product-compliance
Lightning Source LLC
Chambersburg PA
CBHW071349080526
44587CB00017B/3033